「目つぶしの竜」から踊る玉小四年

―学力のつく主体的な学習法―

まえがき

「学力の低下はゆとり教育のせいだ」との批判が巷には流布している。その影響からか、まもなく10年ごとの教育課程の改正により、新指導要領の具体的な展開が行われようとしている。

１９７０年（昭和45）、茨城県結城郡石下町立玉小学校は当時の文部省から、新教育課程の「ゆとりと充実」を課題として、期待に添うべく研究指定校とされ、その任務遂行に学校職員一丸となって取り組んだ。

わたしは当時、大小４か所の学校を経験したあと5校目となる玉小学校に転勤し、中堅教員として張り切っていた。そこで、単学級の４年生を担任し、郷土の民話「目つぶしの竜」を元にした劇づくりに子どもたちと共に汗をかきながら連日励んだのである。

郷土民話の創作劇の脚本づくりから、上演までを子どもが主体的に活動できるようにと工夫し、保護者の協力も得て五幕十場を完成させた。

ゆとり教育を批判するのは自由であるが、このような苦労と努力を知らずに、おおざっぱな四捨五入で評価されてはたまらない。自分の小さな立ち位置の情報や尺度だけで判断するのではなく、一息抜いてから判断しても遅くはない。

さらに注目したいのは、この創作劇は今でも地域のお年寄りや保護者の皆さんに披露しているということである。わたしたちの行った創作劇「目つぶしの竜」は「ゆとり教育と充実」として立派な成果を上げていた。この後も長く続けられることを期待し見守っていきたい。

子どもの一人ひとりが主体的に創造することができ、「教育のページに四捨五入はない」との狙いにも合致するよう実践活動に配慮した。

詳しくは本文で述べるが、その当時、文部省から注目され、大きな反響も耳にしながら新しい教育課程の実現にと懸命に励んだのである。

当時の「ゆとり教育と充実」について、２０２０年から行われる新指導要領の狙いと趣旨に照らし合わせてみた。何ら遜色はなく、当時も現在と同じようなことに挑戦していたのであった。

第二章もこの本の狙いにつながっている。学校の先生を目指す人には、「あのような先生になりたい」との想いから志す人もいるだろう。しかし、わたしの場合はその逆で、「あんな先生には絶対にならない」という堅い意志が出発点であった。この考えはあまりにも強烈であって、小中校生時代から抱き、大学の教育学部で培い、就職するや「教育のページに四捨五入はない」との考えで邁進したのである。

第三章と第四章は新米教師時代、思考錯誤を重ね、子どもや保護者との話し合いとともに悪戦苦闘したこと。現在は理想に向かってそれを実践できた赴任先の小学校や地域の方々に懐かしさだけでなく感謝の念も込み上げてくる。

第五章にはわたしのアイデアを活かして、「基礎学力のつく主体的な学習法」を掲載した。いくらよいとされていても時代遅れのものや子どもに強制的なものとか、子どもにとって興味の無いものでは長くは続かない。参考にしていただければありがたい。

さらに学校は一人ひとりの子どもが主役でありたい。それを支援できる第一人者は学級担任でなければならないのではないか。

わたしは授業が好きである。教師の問いに対して、一人ひとりを注視していると、「分かっている子」「理解が半端な子」「分からない子」の区別が分かるようになる。手の挙げ方で分かるが、手の挙げない子にも目を注がなければならない。

それ以上に大切なことは顔色である。目である。学級担任であるなら一人ひとりの子どもを理解し、一学級35人ほどの判断は狂わないはずである。

このようなことのできる学校が好きであり、そのような学校にしたいものである。

目次

第一章　創作劇「目つぶしの竜」から踊る玉小四年

一、文部省研究指定校

昭和45年（1970）には「ゆとり教育」という新たな教育の展開がなされていた。なぜ「ゆとり教育」が大切であると叫ばれるようになったかを時代背景から考えてみる。

子どもたちは受験テストに追いまくられ、勉強、勉強と朝から晩まで年中その呪縛から逃れることはできなかった。田舎から都会まで塾は大繁盛。子どもの教育は歪んできた。あげくの果てに自殺者も出てくる始末。これではあまりにも惨めすぎる、ゆとりを持たせなければならない、そして、もっと子どもたちを伸び伸びさせてやりたいという、世論にも当然の動きが出てきたのである。

文部省（現在の文部科学省）は詰め込み教育を解消して授業時間数を減らさなければならないと教科書のページを減らした。

当時石下《いしげ》町立玉《たま》小学校（現在の常総市立玉小学校）は年に1、2度、学習発表会として子どもの学習の成果を披露していた。保護者をはじめ玉地区のお年寄りから一般の方々まで参加して、盛大に行われていたのである。

玉地区では農業の傍ら、石下紬の産業も盛んで、おかあさん方も副業として携わっていた。学習発表会の日は、この仕事を休業にすることが以前から伝統的に行われており、全員が参加できるような慣習があった。したがって、玉地域のこの学習発表会の関心度は極めて高かった。

特に子どもたちは全員参加で張り切って練習に励んだのである。

町役場や教育委員会を動かし、評判はマスコミも話題にするほどであった。それがきっかけとなり、新教育課程の研究指定校に推挙されたのである。この新教育の目玉である「ゆとりと充実」の研究に全学年が単学級として、新教育課程の研究に取り組んだのである。

その反面、ゆとり教育が始まると、全ての学校が右へならえと進むわけにはいかない現象が現れてきた。

その結果、今から20年程前、真のゆとり教育からはみ出して、誤ったゆとり教育がはびこっていったことも問題になってきた。

ひとは易きに流される

当時、学力の判定で注目されたのは、国際的に行われた学力テストである。これによると日本の理数科は1位であるが、国語科の読解力は8位と劣っていることが新聞紙上に公表された。評論家や経済界から、さらに民間人からも学力が劣ったのは「ゆとり教育」のせいだと一斉に攻撃の矛先が文部省に向けられたのである。点取り虫やガリ勉の弊害も忘れて「ゆとり教育」のマイナス面だけが台頭してきた。

本当のゆとり教育の検証も行われずに、やたら世間の風潮に踊らされるのが我が国の教育行政の姿である。

総合的な学習の時間として設けられた「ゆとりの時間」に何をやったらよいのかも分からずに苦心していた学校もあったのは事実である。

「ゆとりと充実」という言葉は真のゆとり教育を実践した学校の現場から生まれたのである。子どもは開放的な状況に立たせるといくらでも羽目を外してしまうものである。礼節も節度もあったものでなく、そこには我儘《わがまま》とエゴがはびこるだけである。

本当の「ゆとりと充実」というのは、何か目標に向かって汗水を垂らしてそれを成し遂げようとすることから生まれてくるのだ。その過程が大切なのである。ゆとりには時間的なゆとりと心のゆとりとがある。「ゆとりの時間」で我儘な子を育てたくはない。

当時の玉小学校の子どもたちの学力は、この地域では常に最高位の成績を収め、評判になっていた。

「ゆとり教育」が悪者扱いされていることに対して何らかの示唆を与えてくれるのではないかと慎重な検証を試みながら述べていきたい。

次の実践例は当時の石下町立玉小学校での貴重な指導記録の一端である。「目つぶしの竜」の脚本創作から上演までの成果を、まとめて提示していきたい。そして活動の様子が一般の方にも具体的に分かるように、語り風のスタイルにしていく。

二、切り開く創作劇
――郷土の民話「目つぶしの竜」の脚本創作と上演

「常光寺」の僧侶を訪ねて

真夏の太陽は、今日も朝からぎらぎらぎらと照りつけています。夏休み中のいつもの登校日であったなら子どもたちは気乗りしないのが普通です。しかし、今日（8月3日）は違っています。「常光寺」のお坊さんから、郷土に伝わる話を聞くことができるからです。子どもたちは夏休みに入る前に、担任から民話をもとに劇を創作することを聞いていました。子どもたちは、担任の私が出勤するのを正門まで出て待っていてくれました。

子どもたちは汗を流しながら、先頭に立つ担任の後を付いていきます。学校から西の方へ15分ほど歩くと村の端を流れる鬼怒川にたどりつきます。そのすぐ近くに「常光寺」があります。途中は田んぼが続いています。

「先生、常光寺へ行くの、私は初めてです」

子どもたちは、お坊さんの話を聞くことができると喜んで、私に話しかけてきます。

玉小学校のある玉地区は、人口わずか2千人というごく小さな農村です。西には鬼怒川が流れ、東には遠く筑波山を眺めることができ、自然に恵まれた静かな住みよい村です。地域の人々は先祖代々この地に住んでいて昔ながらの深い人情と、強い社会連帯意識で結ばれています。

産業は、米作りを中心とする農業と、わずかに石下紬の生産を支えとしているほか、これといったものは見られません。社会情勢を反映して夫婦共稼ぎの家庭が多く、母親は、近所の石下紬関係の仕事に従事しています。

古くからの村というか、伝統を重んじる風土がある反面、若いお母さんたちは、昔からこの地域に伝わる民話への思い入れはあまりなく、自分の子どもに言い伝えるようなことはほとんどありません。郷土に伝わっている数々の民話は、祖父母の世代で途絶えてしまったのではないかと思われます。

常光寺のがらんとした本堂に案内された一同は、お坊さんの現れるのをきちんと膝をそろえて神妙に待っていました。やはり、お寺の雰囲気がそうさせているのかも知れません。

やがて、白い衣に身を固めた常光寺のお坊さんが現れました。お坊さんは、4年生の子どもたちだということを聞いて優しく語りかけてくれました。その民話のあらましは、次のようなものでした。

〔民話のあらまし〕

日光東照宮の彫り物を命じられていた彫り師左甚五郎は、鬼怒川を船で上っていました。玉村の若宮戸に差し掛かった頃日がくれ、雨が降り出してしまい、もうこれ以上船は出せません。一晩常光寺で休ませてもらうことにしました。しかし、雨は止まず、三晩も泊まってしまいました。甚五郎は申し訳なく思い、そのお礼に竜の彫刻を木に印したのでした。

その木彫りの竜を常光寺の門にかかげましたが、夜な夜なその竜が暴れ出し、田畑を荒らしたのでした。村人は竜が暴れないように竜の目に銅板をはめました。その後、竜はあばれなくなりました。

帰りぎわ子どもたちは、常光寺の門に彫られた「目つぶしの竜」の彫り物を眺めながら、このりっぱな彫刻に今さらのように驚きの声を挙げたのでした。この時子どもたちがそれぞれの頭の中に描いていたのは、この常光寺のお坊さんのお話をどのように劇にしていったらよいか、ということでした。

踊り出した「目つぶしの竜」

夏休みも終わり、いよいよ二学期になりました。休みの間、子どもたちは「目つぶしの竜」の劇化のため、めいめいが構想を練っていたのです。

28名を5班に分けて、それぞれが常光寺の僧侶の話をもとに創作に取り掛かりました。みんなが知恵を出し合い、想像豊かに夢はひろがっていったのです。

各グループの創作物語は、グループの代表者からおもしろおかしく発表されました。

「鬼怒の川船が大雨のため転ぷくしておぼれかけた甚五郎」

「村の娘を喰い殺してしまう竜」

「竜の通った竜道《じゃ》は作物がとれなくなってしまった」

千変万化、子どもたちの想像はこの常光寺に伝わる民話の範囲をはるかに超えて、玉村の昔を思い描くのでした。

これら一連の創作活動を通してM子は次のような感想を「劇団日誌」に記しています。

「わたしたちの四班が最も苦労したところは竜と常光寺沼でした。ただ竜が水を飲みに行っただけではおもしろくないから、竜が通った道は火のように熱くなるようにしようということにしたのです」

また、S男は、

「ぼくらの班は、竜の目に銅板をはめるのでなく、甚五郎の彫り物を初めは燃やしてしまおうとしました。それでは今のように常光寺にある竜の彫刻が残らなくなってしまうのでやはり言い伝え通り竜の目に銅板をはめ込むことにしたのです」

というように創作のいきさつを書いています。

制約される脚本づくり

物語の段階であったなら、子どもたちが創作したように、何が出てこようとどのような空想物語になっていようとも驚くことはないのです。むしろ楽しい夢の世界に子どもたちを引き入れることができます。

しかし、それらの物語を脚本し上演するとなると、残念ながら多くの制約を受けることになります。

「先生、これカットするのは惜しい。でもしかたがないね」

「紙芝居にすれば、生かすことができるのに」

初めから、このような制約のあることは、担任の助言で分かり切っていましたが、創作の勢いからはずみがついてしまったのです。

オールキャストで一つの劇を

劇の主役となって観客の目を一点に集めて演じてみたいというのは、子どもたち一人ひとりのいつわらない気持ちです。しかし、劇のルールからそれは不可能です。これをどう調整するかが子どもたちにも担任にとっても悩みの種でした。縁の下の力持ちとなるのもまた、一つの生き方を教えることになりますが、できれば学級全員に舞台の上でスポットライトをあててやりたいのです。

何度も話し合いを重ね知恵を出し合って、全員が出られるような脚本にすることにしました。この辺が教師の重要な出番です。主役にならなくても、何らかの形で舞台の上で飛び跳ね大声を出し合う場面を作ろうということになりました。

こうして、学級の人数に合わせて村人を増やしたり、村の子どもを増やしたりすることにしました。玉小の４年生は全部で28名ですので、次のように人数を配当しました。

配役を決めるのは子どもたちに任せました。

教師が決めるのでしたなら適役を考えて役割を割りふることができます。しかし、子どもたちの主体性を重んじなければなりません。

◎人物（学級全員28名登場）
左甚五郎
常光寺の僧侶
小坊主
僧侶の奥さん
娘
娘の父親
娘の母親
村の子ども（延べ12名）
村人（延べ19名）
竜（4名）

郷土の民話は郷土のことばで

郷土の民話を脚本化する場合、子どもたちが自分たちの住んでいる玉地区の話しことばに関心を持つようになっていくのは当然です。現在、子どもたちが使っている石下方言というものが標準語とどんな違いがあるのか、また、現在の方言は、昔からの話しことばとしてどのくらい残り伝えられているのか。それらについて子どもたちは、祖父母から、また近所のお年寄りから直接聞いて調べてみることにしました。

この調査活動も郷土の民話「目つぶしの竜」の学習を通して得られた大きな収穫でした。

子どもたちは、現在も使われている方言は、創作劇にもなるべく使った方が郷土色を大いに出すことができるという結論に至りました。

(方言については後に示す「目つぶしの竜」の創作劇脚本を参照されたい)

大きな声も訓練で

いよいよ練習に入ります。小さい教室で本読みから立ち読みと練習を積み重ねて、実際に広い体育館のステージでやってみて驚いたことは、普通の会話の声量では声があまりにも小さ過ぎるということです。

いくら良い脚本でもいくら素晴らしいセリフを言っても、観客に聞こえなくては演劇の意味はありません。

体育館の一番端の方にわたしは陣取って、声が小さければ「小さくて聞こえない」と大声を張り上げ、何度も繰り返しました。また、子どもたちを交代で後ろに立たせて、友だちの声が届くかどうか聞かせてみました。

ある時は脚本上では隣り合って話しをする相手の者をわざわざ体育館の端と端に離れさせて、たがいに声を張り上げ話しをさせました。初めは声が出なかった子も訓練とはすばらしいものです。4年生ぐらいの小さい子では無理かなと思っても28人誰もが声を出せるようになるから不思議なものです。

子どもたちが大きな声を張り上げると、自然に口調がゆっくりしてくるのです。早口や普通の会話では大きな声が出てこないのです。私は日本の伝統ある歌舞伎役者が朗々と発声することに気がつきました。「なるほど、歌舞伎の原点はここからきたのか」と勝手に判断しました。この考えはあながち間違ってはいないのではないかと思っています。

今までできなかったものを成し遂げたという喜びを子どもたちは味わったのです。これが真の充実というものだとその時思いました。

昔の様子を再現したい

立ち読みも終わり劇としての形が整ってくると、いよいよ小道具や衣装のことを考えなければなりません。小道具にしても衣装にしても現在の玉地区の姿ではいけないことは子どもたちもすぐに気付きます。

郷土の昔の様子をどのようにしたらよいか、子どもたちはお年寄りに聞いたり本で調べたりしました。

甚五郎が雨の中常光寺の門前にたどり着く時の服装はどのようにしたらよいか。それには「みの」と「かさ」がほしいのです。これがまたみつかりません。子どもたちを通して保護者にあちこち当たってみましたが全然見つかりません。

村人が着る紺色の野良着もついこの間まで誰もが着ていたように思っていましたが、今は全然使っていないとのことです。遠い昔の祖先の再現を図ることのむずかしさをつくづく感じさせられました。

わら草履、和傘、行灯、手差し、どれをとっても見つけるのに骨が折れましたが、保護者の大きな援助によりなんとか取りそろえることができました。Ｉ子はそれをこう語っています。

「明日は日曜です。私はお母さんと約束したように、宇都宮のおじいちゃんの家へ車で行くのです。お母さんが電話で頼んでおいたわら草履が出来上がったからとりに行くのです。先生も喜ぶでしょう。甚五郎役のN君も嬉しがるでしょう」

私はこれらの骨董品を子どもたちの前に並べて、

「これは、だれちゃんのおじいちゃんが作ってくれたみの」

「これはだれ子のお母さんの親戚の家で貸してくれたもの」

といちいち講釈したものです。

それらの小道具や衣装をそろえて、舞台稽古にはいったとき、子どもたちは感激を新たにしたのでした。

また、わたしは全国国語研究会で訪れた長崎県で「龍踊《じゃおど》り」の模様を写真に収めてきました。子どもたちに見せるとその迫力に驚き、このスナップも大変参考になったようです。

練習は毎日やりたい

「一週間に一回や二回の練習では、おもしろくない」

「せっかくもりあがったのに、ぽつぽつの練習では気分が抜けちゃう」

「先生、できれば毎日劇の練習をやって下さい」

これらは「劇団日誌」の記録にあった子どもたちの声です。

「ゆとりの時間」として私たちの学校では週に2時間を当てていました。このうち学級独自で劇の練習がやれる時間は1時間しかありません。この1時間を毎週繰り返すだけでは、子どもたちが言うように確かに時間も足らないし、意欲も中断されてしまいます。特に劇のようなものは毎日続けてやらなければ、効果があがらないし上達もしません。

4年生のころの発達段階では、「こうしてもらいたい」というような欲求が出てくるともうがまんができないのです。しまいには「先生、私たちでやりますから残っていいですか」などと持ちかけてくるようになります。

学級担任として、私はこれらの子どもたちの欲求を満たしてやろうと放課後の短い時間をやりくりしたのでした。

上演の喜び

いよいよ上演の日が迫ってきました。発表会は3月10日、全校児童と保護者や地域の方に見てもらうのです。

自分の衣装はもちろん、劇に使う小道具や大道具の出し入れ分担、効果音の操作、照明係とうちあわせを行ってみるとそれぞれの役割の重さを強く感じるようでした。

三、「ゆとり教育」の成果が上がった玉小学校

子どもたちが自ら創作し、脚本を書き、さらに演出した劇「目つぶしの竜」五幕十場の上演は、子どもたちの心を十分満たしてくれた。これも上演までの数々の苦しみを乗り越えてきたからこそ、達成感も強く得られたのではないかと思わ

れる。

単に民話を集めたり、聞いたりしただけでは真の郷里をおもう心は子どもたちの心の中に生まれてはこない。それらを何らかの形で表し、体を通して再現することで初めて一人ひとりの心の中に血の通う郷土愛というものが生じるのである。

わたしは「劇団日誌」にこのように付け加えておいた。そして上演を通じて保護者の心にも郷土の昔を振り返らせ、また、現在を見つめさせることができるものと信じている。

総合学習「きぬの時間」の演劇教育について

演劇というものは教育の最上の場にもなると言われている。自由裁量の時間に劇をやるのは楽しいものだ。

もうだいぶ古くなるが、昭和24年に発行された『学校劇の建設』という本がある。演劇教育の指導的な役割を果たした冨田博之先生の書いた本である。

この本の中で冨田先生は、昭和初期の成城小学校（現成城学園の前進）の演劇教育を取り上げている。

成城小学校では、大正デモクラシーの影響を受けて、児童の生活からにじみ出る劇をはぐくんでいこうというのが出発点であった。そして、昭和初期に成城小学校では週1時間の「学校劇の時間」を設けていたと記録に載っている。それはやがて総合芸術としての演劇から学級集団づくりの演劇へと変わっていった。

玉小学校が「きぬの時間」（鬼怒川の「きぬ」をとって、総合学習の時間をこのように名付けた）に取り上げた演劇活動は、単に自然発生的な児童の生活劇や総合芸術としての児童劇ではない。あくまでも本校教育目標の具現化のために行う演劇活動であり、豊かな人間性を培う教育に取り組むための演劇だ。

そのためには、演劇教育の価値をもう一度見直し、新たに創造性と郷土愛の精神とを加え、児童自らが切り開く創作活動でなければならない。芸術教育というワクに閉じこもることのない、単なる余興として終わることのない演劇活動でありたい。

それが実現したときに「ゆとりと充実」という現代教育の課題解決に迫ることができるのである。

「天神囃子《ばやし》」5、6年生の継承と実演

「目つぶしの竜」を中心に展開していた関係から、5、6年生が取り組んでいた「天神囃子」をおろそかにして申し訳ない。

「天神囃子」は今から350年前に生まれたという。豊作を祈願して玉地区の原宿にある天神様へ奉納する「囃子」であり、昔から玉村に伝えられていた。戦争により一時途絶えたが、50年前に有志によって保存会を結成し復興を期した。

5、6年生は、初めは囃子や踊りを鑑賞していたが、自分たちでやってみようということになり、保存会の人たちの手ほどきを受けた。躍るのが面白くなったところで、「きぬの時間」に指導をしてもらうのが難しくなり、「それなら自分がやってみよう」と若い教師が保存会の門をたたき、それを子どもたちに伝達をしたとのこと。涙ぐましい努力の甲斐があり、練習の時間である「きぬの時間」の体育館にも近所のお年寄りが見物に来られたという。

なお、発表会では低学年は紙人形、3年生は人形劇などを披露した。

学校裁量の時間は、子どもの欠陥を是正するよりは、子どもの長所を伸ばすことのできる内容が望ましい。教師の得意なものと合致すれば鬼に金棒であろう。

願い

もう退職してから30年も経っている。記憶も定かではないが、若干の記録を元に「ゆとりの時間」活用として「目つぶしの竜」の体験の記録をまとめることができホッとしている。しかも「ゆとり教育と充実」の本と生まれ変わり末永く保存できることを想像すると嬉しさが込み上げてくる。

石下町立玉小学校では「きぬの時間」を設定して、「ゆとりの学習」のモデル校として職員一同が一丸となり学校目標の実現のために努力した。その結果多くの成果を達成することができたものと信じている。

ここで重要なことは、学校長の指導力である。校長先生から「地区の小中学校からゆとり教育のモデル校として様子を話してくれ。できれば大島先生に『目つぶしの竜』の実践を話してもらいたい。発表原稿は校長の私が清書するから」と言われた。わたしは大急ぎでまとめ提出した。講話の当日は校長先生の運転で遠乗りをし、揺られていったことを思い出す。

「学校の善し悪しは校長で決まる」。このときもそうであったが、わたしは素晴らしい校長に恵まれた。職員の一人ひとりを大切にする。信頼性、きまじめ、信念、一口では言いがたい。「こんな校長にならなければ」と心に決めたのである。

わたしは玉小学校の演劇を指導する際に、ある程度の基本的な能力は携えていた。シナリオライターに憧れて、脚本づくりを学生時代に独自に学んでおり、また脚本作りについて「キネマ旬報」などの映画雑誌を愛読していた。さらに卒論では「作文教育の歴史的考察」について書き、ある程度の知識は持っていた。

世間では、「ゆとり教育で学力が低下した」とか、「頑張ることがなくなった」とかすべての悪はゆとり教育のせいだというような風潮が広がっていた。

学習指導要領の改訂は10年間の度に行われて、改訂の度に経済優先の人づくり政策が行われていた。確かに経済大国になったことは事実であるが反面弊害も現れてきている。その結果、いじめや不登校、キレる現象などの心の問題や希薄になった人間関係をどう修正するかが叫ばれてきている。

文科省では世論のゆとり教育廃止論を受けて指導要領の改訂に乗り出した。3

年間の準備期間を経て、２０２０年に実施することになった。

子どもに考える力をつけることを第一として授業のあり方の改善を目指し、教育のグローバル化では英会話の重視、先祖を敬う道徳の重視、その他たくさんの要求を満たそうと教育の現場に迫ってきた。

授業数は限られている。やりくりは学校で考えよと現場任せにしている。２０２０年の東京オリンピックでは金メダルを何個取らねばならぬと、オリンピック優先である。「ゆとり学習が懐かしい」などと言うものなら変な目でみられるかもしれない。

しかしながら文部科学省では今度の指導要領の中に「総合的な学習」の時間をはっきりと設定している。わたしはこの【願い】を書きながら、「何だいこれは、四十数年前に、おれ達が心血を注いだ『目つぶしの竜』と同じではないか」。歴史は繰り返すか。

「総合的な学習」の趣旨や狙いを読めば読むほど、わたし達がやった実践は正しかったのだと検証できる。

そこで、「総合的な学習」の狙いだけを参考までに書き記しておきたい。

①自ら課題を見つけ、自ら考え、主体的に判断し、よりよく問題を解決する能力を育てること。
②学び方やものの考え方を育成する。

そして、35週に35単位時間を充てる、と銘記している。

この本が一段落したなら常光寺を訪ね「目つぶしの竜」を拝んでこようと思っている。

今でも継続していた「目つぶしの竜」

さらにわたしの検証を助長するような記事に触れた。

ある地方新聞の紙上（2016年2月27日）に「玉小の伝統・絶やさない地元の民話を上演」という記事を目にし、勇気づけられた。2015年9月には鬼怒川の氾濫に遭って延期していた演劇を玉小の4年生23人が保護者に披露したということであった。

四、創作劇（脚本と上演）

『目つぶしの竜』　五幕十場
　創作劇脚本　玉小学校４年全28名
　指導教諭　　大島　脩平
昭和53年（１９７８）９月１日上演

登場人物　30名用……　学級全員
　（学級の人数により、村人、村の子ども増減可）
　左甚五郎
　常光寺の坊さん（和尚）
　常念（小僧）
　おかみ（和尚の妻）

娘
娘の父親
娘の母親
村の子ども（〜12名）
村人（〜19名）
竜（4名）

一幕

一場

—幕は閉まったまま—

—幕の外—

（鐘の音が小さく聞こえてくる）

（雨の音も聞こえる）

（夜の7時ごろ、常光寺へ急ぐ村人2人。雨傘を差し、提灯を持っている。立ち止まって話しかける）

村人1　なあ、孫作さんや。こう、雨ばかり続いていりゃ、野良仕事もできねえで困るなあ。

村人2　(振り返って)うん、もっともだ。わしらの畑なんか、水がたまって、まるで田んぼみていになってしまったよ。

村人1　んだ、んだ。野菜なんか根腐《ぐさ》れおこしてしまったよ。野良へ行けねえから、おら、今日は納屋で縄をなっていたんだ。

村人2　んだとも、おらも今まで、むしろ編みをやっていた。だけど、今夜は和尚さんのお経があるっていうから来てみたが、もう始まっていっぺな。

(寺の方で鐘をたたく音がする)

村人1　あれ、鐘がなっている。遅くなっから孫作さん、早く行んべや。

—幕が開く—

(和尚さんが、「何無阿弥陀仏」を唱えながら鐘をたたいている。村人が大勢そろい、和尚さんの前にひざまずいて、頭を下げて神妙にしている。下手から、みの笠を着けたみすぼらしい身なりの男がやってくる。かなり疲れている様子)

二　場

甚五郎　お晩でごぜいす。お晩でごぜいす。
村人3　（一番手前にいた村人3が気づいてそばへ来る）
はあ、今晩は？……（じろじろ見て）おめえさん、何か用かね？
甚五郎　いや、何……わしは日光へ下るところで、先ほどこの鬼怒の渡しに着いたのだが夜になってしもうて、船が出ないので困ってしまいました。おまけに雨も降っているし、泊まる宿を探しておるのですが見つかりません。
何とかこのお寺さんへでも泊めてもらおうとやって来たのです。お寺の和尚さんに取り入ってもらうことはできないでしょうか。
村人3　（うさんくさそうに、じろじろ見つめる）おめえさん、どこの人かね。
甚五郎　はあ。申し遅れました。わたしは難波の国で、甚五郎と申す者でごぜいます。
村人3　甚五郎だか弥五郎だか知んねえが、こんな乞食みてえな野郎は泊められねえ、さっさと消え失せろ。

三　場

坊さん　（立ちあがって）何か表でそうぞうしいが、だれか来ているのかな。おい、常念、ちょっと見て来てくれんか。
常念　はーい、和尚さん。（表へ出て行く）
（村人たちも振り返って外の方を見る）
村人３　（甚五郎が言おうとするのをさえぎる）いや、お弟子さん、甚五郎とか何とか言う乞食めですがな。
甚五郎　いや、乞食ではありません、和尚さんにお願いがあります。
村人３　まだ、そんなこと、ぬかしとる。帰っておくれ！
常念　いやいや、待って下さい。旅のお人、もうお祈りも終わりますから、ちょっとお待ちになって下さい。今、和尚さんを呼んで参りますから。
（常念は中へ入って、何やら和尚さんに耳打ちする）
村人３　ずうずうしい野郎だ。おめえみてえな野郎、この和尚さんにお願いだなんて、とんでもねえ。
坊さん　皆の衆、お客も来ていることだ。今夜はこの辺で終わりにいたそう。雨村人4　の中、ご苦労さんでした。
和尚様、ありがとうございました。
（立ちあがる）
村人5　（帰りぎわ）和尚さん、お世話になりました。……まずありがていこった。
（それぞれ、お礼を言って上手から去る）

四　場

坊さん　旅のお方、お願いがあるとおっしゃったが。
甚五郎　はい。ただ今、この方にも申しましたが、わたしは甚五郎という旅のものでございます。そこの渡しまで船で参りましたが、夜になってしまい船が動きません。おまけに雨も降っているし、泊まるところがないので、今晩ここへ泊めて下さればとお願いに上がったところなのです。
村人3　やい、まだ、そんなことをぬかしておる。
坊さん　いや、いや。喜作さん、そんなことはおっしゃるでない。
（村人3を手でおさえて）

常念　甚五郎さんとやら、おっしゃったね。困ったときはお互い様。こんな古寺でよかったならお泊まり下さい。だいぶ濡れていなさる。早く温めなさるが良い、甚五郎さんを奥へご案内しなさい。
村人3　はーい。（奥へ案内して行く）和尚さんはお慈悲深いお方だ。見知らずの人に、こんなに親切になさるなんて――
―だんだん暗くなって幕が閉まる―

二　幕

五　場

―幕が開く（明るい照明）―
（舞台の中央で円くなって踊る村の子どもたち）
子どもたち　（歌の一番）〔童謡「かごめかごめ」の替え歌〕
じょうこうじ　じょうこうじ
じょうこうじの　おしょうさんは

おじひなかたよ
たびのおひとを
おとめになった
うしろのしょうめん　だあれ
(歌の二番)
やまぬ　やまぬ
きぬのかわも　ザブザブ
おふねもとまる
にっぽんいちの
ほりしになった
うしろのしょうめん　だあれ

女の子　みんな、聞いてくれ。お母ちゃんが言っていたんだけど、このお寺の和尚さんは本当に親切な人だよ。

男の子　そうだよ。おらのお父ちゃんも話していたよ。旅の人を泊めてくれたんだって。

―だんだん暗くなって幕が閉まる―

三　幕

六　場

（ノミを打つ音が聞こえる）

（雨の音）

―幕が開く―

（真夜中）

（ろうそくの明かりの中で甚五郎がノミを持って竜の彫り物を彫っている。目はらんらんと輝いて、髪の毛はいかめしく振り乱している。額の汗をふこうともしないで一生懸命に彫っている。しばらくして常念がお茶を持って来る）

常念　甚五郎さん、お茶を持ってきました。
お疲れになったでしょうから、この辺で一服なさっては、いかがでしょうか。

（甚五郎は見向きもしないで、ノミを打っている）

常念　あれー。聞こえないのかな。（大きな声で）甚五郎さーん。
甚五郎（ただ一生懸命にノミを打っている）
常念　本当に聞こえなくなってしまったかな。
（そばへ近づいて大声を出す）
甚五郎（ようやく気付いて常念の方を見て）わしかね。
常念　お茶を持って参りました。一生懸命に彫り物をなさっているので、先ほどから呼んでいたのですが、甚五郎さんは気が付かれなかったのです。
甚五郎（額の汗を拭きながら）いや、それはすまなかった。ちょうどのどがかわいたところだった。いやあ、ありがたい。
（二人とも、そばの腰掛に座って話をする。お茶をすする甚五郎）
常念　何を彫られておいでですか。
甚五郎　これかね。（しばらく考えてから）一晩の宿をお願いしておったのだが、こう毎日雨続きで、三日間も泊めてもらっておる。親切なこの和尚さんに何かお礼にと、わしの一念の作をと考え、竜の彫り物を彫らしてもらっているのじゃが。

常念　竜ですか。（竜の彫り物をじっと見つめながら）これは、素晴らしい彫り物ですね。甚五郎さんは彫り物の名人なのですね。

甚五郎　いやあ、名人なんてものではござらぬ。（間をおいて）ただ、わしの魂をこの竜にのり移らせようと、一心に彫り続けているのです。

常念　常念には難しいことは分かりませんが、この殺風景な門に何か印のようなものがほしいと、和尚さんはかねがねおっしゃっておりましたから、きっとお喜びになられるでしょう。

甚五郎　わしは竜を彫るのは、これが初めてなのじゃが、どんな竜になるか、出来あがってみなければ分からん。一つ心配なのは、わしの迷いがこの竜の魂にのり移らなければよいが。

常念　むずかしいことですね。（しばらく間をおく）やっと雨が小降りになったようです。明日は雨があがるといいですが。

甚五郎　そうじゃ。明日雨が止んだならわしは日光へ立たなければならん。今晩でこの竜を仕上げてしまわなければならないから仕事を急ごう。

常念　それでは常念は休むことにしますので、後をよろしくお願いします。

(常念は下手より去る。その中で甚五郎はノミをふるって竜を彫り続ける)
(ふくろうの鳴き声がさびしくきこえる)
―幕が閉まる―

四幕　七場

―幕が開く―
(それから数日たった夕方)
(常光寺の門の前、村人が竜の彫り物を眺めている)
村人6　いやあ、さすがに甚五郎さんは、立派な彫り物を彫るわい。(腕組みをして感心している)
村人7　そうだとも。名人が彫った竜だ。まるで本物そっくりだ。今にも飛び出してくるみたいだよ。
村人8　ところで、変なうわさがあるの、勘作さん知んねえけ?
村人9　おらあ知んねえ。

村人8　何、この竜が夜中にここからそっと抜け出して、あの（指をさし）常光寺沼へ水飲みに行くという話だが本当かな。

村人10　それよ。おらもそのことを聞いただけよ。おらのじい様が夜中に用を足そうと外へ出たら、何か常光寺沼の方でぴしゃぴしゃ音がするような気がしたと言うんだ。そこで、じっとみていたら、尻尾の長いぐにゃぐにゃしたものだと言うのだ。おらのじい様はその時はねぼけまなこだったから、それ以上確かめなかったと言うんだ。

村人11　うん、ありそうなこった。それはこの甚五郎さんの彫った竜かも知んねえな。それに、ここの和尚さんが言っていたのをおれは聞いたんだ。この竜を彫った時、甚五郎さんには一つの迷いがあったということだ。この迷いがこの竜の魂に入らなければいいがと言っていたっちゅうことだ。

村人12　そうかい。それは本当かもしんね。

村人13　そんじゃ、おっかね。

村人14　それが本当なら、何やらかすか分かんねえ。おめえら、この竜の彫り物にあんまり近づかねえ方がいいぞ。

村人15　そうだ。暗くならないうちに帰った方がよさそうだ。
村人16　おっかね。おっかね。
（めいめい、「おっかね」と言いながら去って行く）
（カラスの鳴き声が聞こえる）

八　場

（だれもいない常光寺の門。そこへろうそくの灯を点けに常光寺のおかみさんがやってくる）

おかみ　今夜はだいぶ冷えますね。風など吹かなければ良いんですが。

（灯を点けて帰って行く）

（フクロウが鳴く）

九　場

（しばらくして、親子三人が提灯をともしてやってくる。母と娘が先に連れだって歩く。その後を酒徳利を持って、よろよろしながら付いてくる父親、かなり

酔っている)
娘　父ちゃん、早く来てよ。あたし、母ちゃんとだけじゃ、おっかなくて。
母　おらの父ちゃんにも困ったもんだ。あんまり飲むんじゃねえって言っても聞かねんだから。(後ろの父ちゃんを振り返って)父ちゃん、娘が父ちゃんも一緒じゃなくちゃ、おっかねとよ。
父　何言ってんだい。(ウヒッ、ウヒッとよろける)化け物が出てくるわけじゃウヒッ、ねえ!
(風が吹いてくる。ろうそくの灯が消える)
娘　母ちゃん、こわいよう。(母親に抱き付いてくる娘)
父　何がこわいんだ。竜の野郎が出てきたら、おら、足蹴りで竜の目ん玉蹴っ飛ばしてやっから。(よろけて)ハッ、ハッ、ハッ、ハッ。
母　そんなこと言ったって、こんなに酔っぱらっていちゃ、何にもできなかんべよ。
(ごうごうと風が吹く、ちょうちんの灯が消える)
娘　母ちゃん!　父ちゃん!　おっかねよ!　竜が出てくるよ。

(すさまじい雷鳴とともに竜が襲いかかる)

母　キャー。出た!!　逃げろ!!

娘　(悲鳴を上げて泣き出す)ワーン。母ちゃん!!

(母と娘に襲いかかる竜。娘を抱いて逃げようとする母。それを助けようとした父が、竜の尾で投げ飛ばされて気絶してしまう。母も竜の力で娘を放してしまう)

母　娘!!

(娘をくわえて連れ去って行く竜)

娘　母ちゃん、母ちゃん、(遠くなる声)母ちゃん。

(舞台の中央で腹ばいになってる父と母)

(静かになる)

—幕がだんだん閉まる—

五　幕

十　場

―幕が開く―
（数日後の朝）
（常光寺の門の前、村人が大勢集まっている。竜の彫り物が、きちんと飾られてある。竜の口のところが赤い血で染まっている）
村人6　かわいそうに、源作さんの家じゃ、竜のために娘っ子やられてしもうてな。
村人5　全く気の毒なことしたで。
村人17　あんなかわいい娘っ子かっさらって、どうしたっていうんだんべ。
村人4　本当だ。魔が刺したってことよ。
村人18　そこでだ、二度とこの竜が暴れねえように、和尚さんは竜の目玉に銅板をかぶせて見えなくしてしまおうと言うんだ。
村人19　そりゃいい考えだ。そうしてもらうと、おんらは助かるだな。
（そこへ鐘をならして、和尚さんと常念がやってくる。皆そこへひざまずく）
坊さん　皆さん、よく集まって下さった。では太平さん、用意した物で竜の目隠しをお願いします。

村人15　どれ、それでは、しっかり打ちつけて見えなくしてしまおう。
（はしごを持って来て2、3人でおさえる。そこへ太平さんが上がってトントンと竜の目に銅板を打ちつける）
村人9　これで、やっと安心して寝ることができる。
村人7　そうですよ。目つぶしの竜では何もできないもんね。
村人15　おらの娘もこれで安心だなあ。
坊さん　では、竜が安らかにおられるようによく拝んでおこうといたそう。
（村の人たち、再びひざまずいて、神妙になる）
（鐘を鳴らしながら、「南無阿弥陀仏」のお教を唱える和尚）
（村人もそれに合わせる）
（そこへ娘の両親が上手より娘の手を引いてやってくる）
娘の母　皆さん、ご心配をかけましたが、娘が先ほど、無事に帰ってきましてね。
村人7　そうでしたか。それはよかった。
村人15　これでわしらの村も本当に安心だ。
（村人、手を取り合って喜ぶ）

（鐘の音がだんだん小さくなっていく）

―幕―

付記

玉小学校に9年間務めたわたしが転勤した後もこの「目つぶしの竜」はしばらく上演されていたと聞いていた。さらに現在も地域の皆さんを対象に展開されていることを知って驚いた。

この本には「目つぶしの竜」の脚本を一部改め、さらに末永く伝授されることを切望しつつ書かせていただいた。

この「目つぶしの竜」のなかで、子どもたちが輪になって「かごめかごめ」の唄を歌う場面がある。この際に童謡の原曲に合わせて創作した替え歌である。

元歌の解釈はいろいろで、暗い部分もあるようであるが、わたしは特に左甚五郎が日光の東照宮と関係があるところから、常光寺との結びつきを中心に添えて替え歌をつくったのである。

原曲はヘ長調だが、ハ長調にして明るく唄うようにした。歌詞の言葉については指導者や子どもの情況によって、いかようにに変更しても結構と考えている。

第二章　「軍艦マーチ」に踊らされる運動会

一、軍艦マーチ

わたしの学級経営簿の裏表紙には「教育のページに四捨五入はない」と銘記してある。かつて現職の頃に今日の出来事や明日の予定を記入する度にこの言葉を口ずさみ、子どもたちと触れ合う際には肝に銘じて心がけたものである。

言うまでもなくこの言葉は教師になった時分に子どもたちから掴んだ教訓であり、教育の指針として編み出したものである。

教育実践において四以下の弱者は切り捨て五以上を強者と見て切り上げることにより、弱者を端数として処理してしまう仕種はあってはならないことであるが、このようなことがあるとすれば、担任教師の教育の姿勢によっては、今迄の習慣をいたずらに踏襲しているか、さもなければ教師として未熟なために子どもの立場を軽んじ迂闊にも切り捨ててしまうかのどちらかであろう。

以下に述べることはわたしが編み出した信念であり、バックボーンとして揺ぎない教育上の哲学でもある。この思想の背景を考えると、わたしが小中学生時代に培ったことがはっきりしてくる。

わたしの教育の理念は「弱いものを救う」ことである。体の弱い子、学力の低い子、小さい子、転入してきた子、親のいない子などである。言うなれば学級の中では目立たない子たちであり教師が救わなければ独り立ちできない場合も多いのである。反面勉強のできる子、運動の得意な子、何かに秀でている子などは教師が特に手を差し出さなくても伸びていくものである。

もちろん本人に才能があり、限りない努力もあるからこそ優れた結果を取得するのであって常識の範囲でそのように考えているわけである。端的に言えば優れた子は自ら解決していくことが可能と見ている。弱者は自分が好きで弱者になっているのではない。生まれ育った境遇やその後の状況などで本人がどうもがいてもどうしようもないこともある。

そのような子どもを教師が救ってやれなくて誰が救ってやるのか考えさせられる。

「軍艦マーチ」に合わせて4列縦隊に並べられた中学1年の1組と2組の男子合同の体育授業は、その日も厳しい練習を強いられていた。身長の大きい者が先頭で、クラスで小さい方から3番目のわたしは最後尾にくっついていた。

コンパスの長いものは胸を張り力強く足を鳴らして堂々として勇ましい。最後尾はみじめなもので前の者に付いていくのが精一杯、横4人はバラバラで、足は左から右へとまるで揃わない。体育教官の「ヒダリ！　ミギ！」の気合いなど耳には響くがどうしようもない。号令からホイッスルに替わり「ピッ‼　ピッ‼」2周目から3周目と行進曲は無情にも鳴り止まずにつき進む。前の列から徐々に離れていき歩いても間に合わず走るより仕方がない。先頭が指揮台の前に着くと行進曲の伴奏は指揮官の合図でストップした。汗びっしょりの遅れグループもやっとたどり着いた。

全員が腰を下ろしたが、遅れた連中はへなへなと地面に崩れ落ちた。

「いいか！　後列の1番目、2番目、3番目、お前らの行進のざまは何だ！　これが行進曲に合わせた歩き方か！　ふざけんじゃねえ！」

指揮官の気合いが唸り、エスカレートした。

「後ろの列、1番から3番目まで、12名、その場に立て！　罰として運動場を今から2周して来い！　ピーッ!!」

文句や苦情など挟む余地など与えない。一斉に走り出した。遅れでもしたら何度走らされるか分からない。みな分かっていた。最後の力を振り絞って死ぬ気で走った。

この記憶は、わたしが教員になってからも何度もよみがえってきた。終戦後も7、8年が経過し、軍国教育から新教育に変わり新しい時代になった。義務教育の中でいくら入場行進だと言っても、「軍艦マーチ」に合わせて、見学の保護者にかっこよく見せる必要があるのだろうか。わたしは疑問を抱き学校の先生になったなら、ある軍隊の股裂きパレードでもあるまいしこのようなことは「絶対にやらない」と自分に誓っていた。

この教官は最後尾を歩かされた経験が一度もなかったのだろうか。いや、教育者なら経験がなくても小さい子の心情を分からないということはないはずである。

わたしは担任としてクラスの体育の授業を行っていたがこんな馬鹿げたことはやらなかった。学校の運動会の場でもこのような機会には触れることはなかった。

幸か不幸か常軌を逸した学校や教師の姿勢にはあわなかったので、中学生の頃の悪夢を再び見ないで済み、遠い思い出として忘れ去っていた。

しかし、教師生活も二十数年続くといろいろなことに出くわすものである。秋の大運動会が近づくと、スケジュールの割り当て表にしたがって運動場は休む暇もなく活気に満ちあふれていた。午後の最初は全体練習が行われる。入場行進から開会式、準備運動と練習を始めた。

わたしは管理職になり練習の様子を見ておこうと運動場に出ていた。各学年2クラスずつの中規模小学校であり、人数の割にはひろびろとした恵まれた運動場であった。1年生から4年生へと男女が一緒になり身長の低いものから出発。4列縦隊の行進はまあまあの出来で問題点はなさそうに見えた。

高学年の行進に入り始めた途端、わたしは中学生の頃に抱いたあの苦い魔の体験を思い出した。

「何だこれは。5、6年生だけが身長の高いものから行進している、何か訳があるのか」

当時わたしは初めての管理職であったから、いきなり体育主任に聞かないでまず教務主任に尋ねてみた。そこで分かったことがいくつかある。

整列順は、見映え、伝統、児童の成長期等と色々な角度から判断をした結果の実践だということであった。今度はそれらを踏まえてわたしは直接体育主任に話をして、運動部の先生方と話し合って決めてほしいと言い、保護者へのアピールなどは考えなくて良いということを付け加えておいた。

運動会のそもそもの原点は何であろう。子ども達と学校が一体になって運動を展開し、一人ひとりの成長とその成果を保護者の皆さんに公開して、楽しいひとときを過ごすことであろう。

運動会当日の開会式はどの学年も身長の低い順に行進をして保護者からは大きな拍手を頂戴し素晴らしいスタートを切った。

二、卒業アルバム

これは、小学校卒業記念写真として卒業を前に撮った最後の出来事の話である。終戦のごたごたがまだ続いていた時分で、民主主義がどうのこうのというよりも人びとは毎日どうして食べていくかに苦心していた。卒業アルバムなどという贅沢なものは到底作ることはできず、集合写真で間に合わせるほかはなかった。卒業生は全部で1クラス40名の5クラスであったから合計200名ほどであった。男女別々に撮ることになり100名ずつに分かれて椅子や机の上にも乗り整列した。

どういうわけか知らないが身長の大きいものが一番前の席に陣取って、2段目は次の身長、わたしはクラスでも低い方なので、5段目の一番高いところに、落ちないように踏ん張った。先頭の真ん中に校長と教頭が腰をおろし担任は両端に適当に散らばった。

できた写真を見て驚いた。最上段に写っていたわたしの顔写真は100分の1の小さな1点のみで、誰であるか虫眼鏡で見ても分からないほど小粒のみじめさであった。

「こんな写真があるか、ほかの人の顔など見たって何になる」

わたしは親にも見せず黒の万年筆で塗りつぶしてしてしまった。組体操のピラミッドではあるまいし、最も軽い子供が最上段に上がって演技をするのとはまるきり反対ではないか。

なぜこのような写真の撮り方をしたのか。常識では考えられない。こんな非常識の記念写真を学年の先生方で一人も反対をしなかったのだろうか。卒業学年の一人の担任教師が、

「いつも小さい子が前になって撮っているから一度位卒業記念に大きい子を前にして撮ってやろうじゃないか」

軽い気持ちで提案したことが、軽い気持ちで「それもいいだろう」、こんなやり取りが想像される。教師たるもの迂闊にも軽い冗談で決めてしまってはならない。これで誰が得をするのだろう。損得ではない永久に残る卒業写真である。世

間の常識をまず念頭に置いて判断していかねばならない。常識もすべて正しいとは言えないが、それを破るならじっくりと話し合って決断すべきである。

この苦い体験は後々まで引きずってしまった。そのため中学校の卒業記念アルバムは購入せず、当時の担任に呼び出されてお説教を食った。

わたしはこのような屈辱はいくら担任であってもわたしの本音など話すことはできなかった。どんな言い訳を話したのか覚えてはいないが、担任の「大きくなってから買わなかったことを後悔するよ」という言葉だけは何故か成長しても忘れることはなかった。

いくらも経たないうちに高等学校へ通う道で、後ろからわたしを追い抜くかつての担任が「おはよう」と声をかけた。わたしはとっさに後ろを向いて「おはよう」の返事をした。すると担任は、

「帽子ぐらい脱いだらどうだ」

捨て台詞を吐いて速足で抜き去って行った。学校へ着くまでの短い間、「本音も知らないでまだ不買写真のことを気にしているのか、情けない先生だ」などとわたしは思ってしまった。

高校1年の時から教師を希望していたので、もし教師になったなら、あんな狭い了見の教師には絶対にならないとその時から抱いていたような気がしている。

わたしが学校の先生になろうと思うようになったのは親父の影響があったからである。

気ばんだ色の親父の写真である。バイオリン1丁を携えて和服姿のまま代用教員として田舎の小学校へ赴任し、その記念の姿であった。わたしはこの写真にひどくあこがれていた。将来の決め手になったものと思われる。

三、掘っ立て小屋と他校の運動会

わたしの本音を綴った記録があることを最近になって知った。それは病院の待合室所でかつての教え子から偶然にも目覚めさせられたのであった。

「大島先生ですね」

「は、そうですが」

「1か月前、大島先生かなと思って、この卒業文集をずっと持ってきていたのですが、今日ははっきりと先生だと分かりましたので、先生にお見せしようと持ってきました」

何しろ50年前の教え子だから、正直顔も名前も覚えなどなく、『大器』という卒業記念文集なども覚えてない。

黄ばんでしまった『大器』を見たときに、わたしが市内の小学校三つめ目、6年1組の卒業記念文集を子ども達と一緒に仕上げたことがだんだん思い出されてきた。この子の名前を聞いて、やっとある出来事と一緒に浮かんできた。放課後にガリ版刷りの『大器』を3、4人の係で作っていたとき、たまたま休憩時に近くの店にコロッケを買いに行ってもらっていた。「横断歩道を横切っても慎重派のこの子だったら事故などは絶対起こさない」と決めていつも頼むことにしていた。この子がなつかしい『大器』を持ってきた。

「もう退職したのか。定年か、いやはや教え子が退職とは、早いもんだね」

何から話したのか、次から次へと話が出てきていちいち頷いてなんかいられないほどであった。銀行関係の仕事をやっていたが、今は頼まれて会計監査のような仕事をやっているとのこと。仕事を辞めるときに、今までのことを整理するために片付けをしていたら、この『大器』が出てきたとのこと。懐かしくなり妻と一緒に見直したという。大島先生がこの『大器』の中で、俺たちに残した文章にとても勇気づけられた、ということのようであった。

そこでこの文章を示し、しばらくお付き合いのほどをお願いいただきたい。

卒業生の皆さんへ

学級担任　大島脩平

卒業おめでとう。

いよいよ皆さんとはお別れです。おそらく再び話し合うことのできない人も出てくるのであろうと考えると何となくさびしくもなってきます。反面、希望にあふれた中学生、さらに、将来へと前進する姿を思うと活気づいてきます。このようにややセンチめいた想いと現代のムードに合った考えが互いに入り乱れているのが、現在のいつわらない心境です。

今、こうして書いていても、あれも言いたいこれも話しておきたいと皆さんの気持ちよりは、わたしの考え方が先走りしています。立派な中学生になるよう、また社会人になってほしいとかは、よその先生が書いておられますから、わたしは自分のことを語ることにします。今までも皆さんに役に立つことでしたら、わたしの少年時代の出来事や、世の中の動きをずいぶん語ってきたものです。皆さんはこのわたしの話を輝いた目で聞いてきたものです。ところが、まだ皆さんに話していないことがたくさんあります。その一つを卒業される皆さんに話してみたいと思います。自分のこととなるとなかなか書きにくいものですが、「先生にもこんなことがあったのか」というように読んでほしいし、また、生き方の上でいくらかでも参考になれば幸いです。

高校三年になった頃のわたしは、日常生活の全てを受験の準備のために集中させて、一日の設計をこれにあてました。一日一日がまるで受験勉強をするためにあったようなものでした。今の高校生もそうであろうし、また、受験生のだれもが歩む姿だとおもいます。

これを一般の人や報道関係の人たちは、受験生の暗さとして指摘しているようですが、その当時のわたしは、辛いとかいやだなと考えるゆとりはありませんでした。ただ、同級生のがんばるんだという雰囲気の中にとけこんでいたようでした。

一日の生活設計を勉強にあてるといっても家族ぐるみで応援しているような、テレビドラマに出てくるうらやましい状況ではありませんでした。なにしろせまい我が家に十人家族ときているから、静かに勉強する場と時間が見つかりません。

おまけに耳の遠い祖母がラジオを四六時中かけており、音の暴力にも耐えていかなければなりませんでした。当時、祖母は中風になやまされ半日を寝て暮らし、また、安楽椅子にもたれて、生け垣根のすきまから見られる往来の人を眺めていました。楽しみと言ってはラジオを聞くくらいが関の山でした。祖母のこのただ一つの楽しみを、いや、全ての生きがいを受験勉強というわたしの立場で犠牲にすることも出来なかったわけです。

こんな状況ですから勉強する時間はいきおい家族全員が寝静まった真夜中か、

朝の早い内にするほかはありませんでした。わけても朝のすがすがしい時分に本を読むことは、体中の全神経が本に食い入るようでした。今でもときおり朝早く書き物をすることがありますが、この頃が思い出されなつかしくなります。

次に取った苦心としては家の中のわずらわしさから離れて、野原に出て英語などの暗記をしたことです。わたしの歩く道順はいつも決まっていました。家のうらから百メートルぐらい先に「観音寺」という寺があり、そのおくに「宝泉寺」があります。わたしはよくそのあたりに出かけていき大きな声を出して英語の単語を覚えようとしました。

書いて覚えようとするときは、むしろを持って観音寺へ出かけたものです。今はこのあたりも青年研修所や消防署などの影響でだいぶん開けてそうぞうしくなってきましたが、わたしの高校時代は本当にひっそりして、寂しいくらいのススキ山ばかりでした。

「勉強の道場に寺を貸していただけませんか」と古めかしい言い方をしますと、観音寺の若いお坊さんは、初め何のことか分からなくてきょとんとしていたことを今でもはっきり覚えています。ある時などはヤブにくわれるので、うちわで扇ぎながら仰向けになってやたら空想にふけったものです。

三つ目の苦労というかなつかしさとして残っているのは、関西旅行積み立て貯金を全部はたいて勉強部屋の掘っ立て小屋を建てたことです。高校三年の四月になると地元高校では、関西旅行を三泊四日ぐらい行うことになっていました。一年から毎月積み立ててそれを旅行の費用にあてたものです。皆さんの日光旅行のつみたて貯金と同じわけです。わたしも初めは関西旅行に行くつもりでお金を積んでいたのですが、前に述べたような状況でしたので、このさい、もっと意義のあるものに役立てようと考え、旅行は後でも行けるのだからと取りやめました。

そう決心すると早速小屋建て作業に取りかかりました。なにしろ予算は二千四百円しかないのですから文字通りの掘っ立て小屋しか出来ません。タルキやヌキの比較的安く売る材木店をあらかじめ探すことから始め、数軒の材木店に自転車を走らせました。わたしの家から大分離れた材木店がいくらかやすかったので、遠くてもそこで買うことに決め、母の実家からリヤカーを借りてきました。材木店の人は初めからだが、小さかったためか中学生ぐらいにしか思っていなかったようで、何を造るのかといろいろ聞いていましたが、勉強の出来る掘っ立て小屋を造るのだというと、親切に造り方まで教えてくれました。値段は忘れてしまいましたが負けてもくれたようでした。

大工さんのやっていた切り込み方などをまねて、ノミなどで切り込んだり木をけずったりしていると日数も意外と掛かっていきます。建築費の関係で広い板は使えないので、周りは土壁にし、屋根もトタンは高くつくから木っ葉にしたわけです。

壁土などは粘りのある壁むきの土を使うのが本当なのでしょうが、そんなことは言っていられなかった。土は家の畑からもってきて、ワラをラシャバサミで数本ずつ細かく切り、かき混ぜて壁にしました。大工、左官や、屋根やとひと通りの仕事を一手に引受けた感じでやりがいのあるものでした。

使っていなかった古い畳が二枚ほどあったのでそれを敷き、二畳敷きのわたしの小屋がやっと出来上がりました。

掘っ立て小屋の窓から西の方を眺めると、広々とした畑が続きます。最高の気分にひたりながら、世間の雑音から遠のいて本を読むとき脳みそのしわが引き伸ばされるような感じでした。今でもその小屋は残っているが、南側の続きにニワトリ小屋を下げたりして、ニワトリを飼い、北側にも下げを造り物置として利用しています。大分いたんでもきたし、ネズミの巣にもなっているようです。

そのころ、近所の叔母が
「そんなところで勉強なんかしていると肺病にでもなったんじゃないかとよその人に思われるから」

などと言っていたことを記憶しています。

あとでわかったことなのですが、十人家族で小さい子供らのわめきと、ラジオの音が、わたしには特に強く受け止めたのには、ただ受験をするというあせりからだけでなく、「蓄膿症」という鼻の病気の影響だったのかもしれません。蓄膿症の治療は高校三年の時にやりましたが、何しろぼうっとして数学などの思考がとても出来なく、それに加えて長く集中力を保たせることが大変苦痛でした。

ところで、受験というのは大学ばかりを目指したわけではありませんでした。出来れば親のスネをかじらないでもすむ官費でまかなってくれる学校ならどこでもよかったわけです。結局は今の職に就いてしまいましたが、何か自分には向いているようにも思えるのです。

皆さんは将来どんな人間になるか、夢もあり、また大きな希望もあると思いますが、どんな人間になろうとも、中学生の間から強い実行力と努力で勝負が決まるのではないでしょうか。

こまごまと書き連ねてきましたが、わたしはわたしの取ってきたことを皆さんにまねをしてもらいたいとか、こうした方がよいとか押しつけるつもりはありません。おそらく、わたしの歩んできたことより、それ以上の尊い体験を皆さんのおとうさんやおかあさんは話してくださると思います。わたしもまだまだ努力しなくてはなりません。これからです。わたしの手元を離れた皆さんの前途を祝福すると同時にお互いにがんばっていこうではありませんか。

(昭和四十二年三月十日)

次は、またも運動会の話題であるが今度は明るい記憶なのでご安心を。

小学校の教員を退職してから10年ぐらい経っていたか、初めての孫が都会の小学校に入学していた。

「お父さん、今度の日曜日に運動会があるのよ、お母さんと一緒に見に来てよ」

こんな電話があった。女房と話し合って、孫もきっと喜ぶだろうと思いきって見学に行くことにした。

当日は天気も良く朝早く起きて出かけることにした。孫の出番のプログラムに合わせて出かけ、確保してくれた保護者席に腰をおろして待っていた。

「ただ今のプログラムの二つ後に、1年生全員による50メートル競走があります。そろそろ準備に入りますのでご見学の保護者の皆様もお席についてご用意くださ い」

アナウンスの声を聞いて観客の移動が激しくなった。それもすぐに収まり互いの座席に陣を取って静かになった。それと同時に当の1年生200名が運動場の真ん中に整列しそのまま腰をおろして待っていた。

わたしはその様子を見て驚いた。今まで1年生の50メートル競走は式台のある、そして来賓席のテントの真正面を走らせることが慣例であった。これが当たり前で他の方法は眼中になかったのである。

わたしは自分が勤める学校の運動会を児童に教えてはいるが、他の学校の運動会はまだ一度も観たことはなかった。『井の中の蛙大海を知らず』よく言ったものである。

運動場の真ん中を走らせる1年生の50メートル競走ならば、どこからでも誰でも自分の席で見ることができる。遠くて見にくいなら双眼鏡を使えば良い。

これまでの運動会の50メートル競走は、来賓席のロープを揺るがせて保護者のにわかカメラマンが殺到してくる。

「カメラをお持ちの方は見学の方が見えなくなってしまうのでもう3歩下がってください。

あっ、キケンデス！　下がってください。怪我人が出ます」

アナウンスは段々悲鳴に近くなりわめき始める。

その音にあおられ、我が子を絶対に撮ろうとする親は必死である。

一生に一度のこのチャンスを逃してなるものか。孫のために、両祖父母のために、俺ら夫婦のためにも、殺気立ってくるのは当たり前。

「運動場へはゴミを捨てないで」などのようなマナーのお願いとは次元が違うのである。危険が及ぶような何十年もの悪しき風習を打ち破るには、明明白白発想の転換しかないのではないか。

このわずかな時間で得た教訓は勤務中には役に立たなかったが、退職して保護司会の仕事で、ある小学校での講話で触れたような気憶がある。

第三章　学級文集「しどみの子」

一、しどみの子と新米教師

野山に生えているクサボケのことをこの地方では「しどみ」と呼んでいる。ボケはニュアンス的には何となく「バカたれ」と言うような相手を小馬鹿にしたような響きを持っている。

「し・ど・み」と発するとなんとなく自然に唾液が出て渋酸っぱくなる。シドミの実をかじると子どもたちは、初めは「うあーすっぺー」と吐き出すがまたかじりたくなるから不思議である。

わたしの大学の卒業論文は「作文教育の歴史的考察」であった。当時山形県の農村の中学校教師として『山びこ学校』の文集を中心に『生活綴り方的教育方法』を推進していた無着成恭先生がおられた。その先生の教育方針に歴史的考察を加えて研究してきた自分の教師生活で、早くも日々実践できることに心は燃えていた。

同時に「ああしたい、こうしよう」と抱負が満ちあふれ、通勤用の新しい自転車を購入した。

話は少しそれるが、この新車のことで子どもの頃の苦い経験が思い出されてきて何とも言いがたい気分になってしまう。

父は自宅から8キロぐらいの距離を通勤するが、その頃の自転車は新車でも親父の安月給では高級品は買えないので「棒タイヤ」で我慢をしなければならなかった。今の若い人にはわからないと思うが、空気のチューブがないタイヤだけの自転車は砂利道でなくてもごろごろとして重く、力を入れなくては進まないモノであった。その当時の道路はアスファルトなどはなく、庶民はこれを乗り回しているのが当たり前で恥も外聞もなかった。子どものわたしも、近所の用足しの際には使っていた。足でこぐと腰のあたりに振動が伝わってひどく痛みがきたと記憶している。

そんな棒タイヤの自転車が泥棒に遭ってしまった。しかし、父親も母親もわたしを叱らなかった。その頃はどんな自転車でも鍵などを付けるのは余計な出費になるので備えずに無防備であった。父は自転車での通勤ができなくなったので、ガソリンカーで通うことにしたようであった。わたしは就職が決まったときには、親戚の自転車店で月賦払いにして、チューブ入りの自転車を鍵も付け購入した。

こんな苦い思い出をかみしめながら初出勤となったのである。

大学の卒業論文の担当教授に無事就職ができたことを報告したところ、「君が田舎の道を自転車のペダルを踏んで通う姿が目に浮かぶ」と祝福と激励がしたためられていた。

世の中は戦争の傷跡がまだたくさん残っていて生活のよりどころが見つからずに右往左往している状態であった。が、市に合併した純農村地区であり食べるのも豊富、食料難や買い出しなどからは免れていた。素朴さも残っていた。

「家庭訪問に行ってお茶を出されたなら喜んでのむこと」「決して手を付けないようなことがあってはいけません」かなり年輩の女教師は初めての家庭訪問を前に小学1年生を相手にするように丁寧にしっかりと助言をしてくださった。

一人ひとりの子どもの名前もやっと分かったころ、待望の家庭訪問の日が訪れた。「お茶碗には必ず口を付けること」この言葉を口ずさみながら自転車のペダルを強く踏みだした。

あらかじめ児童の手から各保護者あてに「家庭訪問日程表」を事前に配っておいた。いよいよ家庭訪問は開始されたのである。一人ひとりの児童に実力をいかんなく発揮させるには、まずは家庭訪問により、子どもの現象の裏に隠されたものは何かを正しく把握しなければならない。一口に言うならば「子どものオクを読め」と言うことであろう。

教師になって一番初めに行った家庭訪問は、何年経っても忘れることはできない。この様子は異常でも特別なものでもなくその地方では一般的なもので自然な姿ではなかったかと思っている。

「おらの先生が来るんだ」

既に児童が表に立っていて今や遅しと待ちかまえていた。土間に案内されて家の中に入ると、50センチ位高いところにある座敷には座布団が一つ敷かれ、その向こうにはその子のおばあさんが座っていた。そのわきに女の子もちょこんと座っていた。家庭訪問として訪ねたことから名前と儀礼的なあいさつを述べた後、話に入ろうとするとおばあさんから「先生はどこから来なすのけ」と逆に聞かれてしまった。

「この集落のすぐ隣り、西側のS町から通っています」

「そうですすけ。じゃ近くてそりゃ良ござんすけ」

台所の方でカチャカチャ音がしていた。お茶でも持ってくるのだろうと思っていたら案の定お母さんが顔を現した。丁寧なあいさつをしてくれるので、わたしも土間に立ってお辞儀をして名乗りを上げた。お母さんは、わたしにお茶を出し、おばあさんと女の子の背後に座り控え目な様子であった。

おばあさんはわたしが話をする前にまた先手に打って出た。

「先生さん、この子は働き者で台所掃きをよくやってるんですよ。みんな感心によくやると言っているんですよ」

「そうですか。それは本当によかったですね」

わたしも同調して褒めた。女の子は緊張感が少し抜けたようでほっぺが赤くなってきた。

おばあさんの孫を褒める話は数分ぐらい続いたように思う。タイミングを外さずにお母さんは、用意していたお砂糖の入ったガラスの器から大きなスプーンで「どうぞ召し上がれ」とわたしの掌にそのお砂糖をひと匙《さじ》乗せた。とっさのことなのでわたしはびっくりし、構えをする暇もなく、どうしたものかと思った。召し上がれと言われても口のなかに放り込むわけにはいかないし、仕方なく握りしめてしまった。お母さんはまた台所の方へ行ってしまった。

「おばあさん、何かわたしにこんなことをして欲しいということがあったら遠慮なくおっしゃってください」

わたしが言うと、

「先生さんに、こんなことをしてくれなどと言ったら罰が当たってしまうけ」

掌の砂糖が緊張のあまりべとついてきた。

座布団の下の畳や床板の下は土。そっと握りしめた砂糖をその床下を目がけて放り込んだ。掌のべとついた砂糖をハンカチで拭きとり一応その場は納めたがこの記憶だけはいつまでも残っている。

後で、この地方では上客の接待にはお砂糖が一番のおもてなしだということを聞いた。

その当時農村地区は別として、他の一般的な家では純白の砂糖などは手に入らず口には全く入らない時代であった。我が家でも砂糖と言われる甘いものは手に入らなくて、サツマイモを料理した「あんこ」やトウモロコシの茎を煮詰めて作った砂糖の代用品で賄っていたほどである。

お袋は何かの催しが無くても蒸かしパンを作ってくれた。そのパンの中にあんこの代わりとして、にわかあんこを作って入れて子どもらに食べさせた。ご馳走のなかった時代だからそれは唯一のまんじゅうであって、しばらく食べないと子どもらはお袋にねだって作ってもらったりしていた。

家庭訪問のお砂糖のことは時折思い出してしまう。

それはそうと後味はよくなかったが、この家の支配者は父親でも母親でもなく祖母であったことは間違いない。嫁はあくまでも祖母に従うしきたりできちんとした家風が現存されていたのだ。

家庭訪問の日程表のとおりに実際に行うには余程の覚悟でやらないとうまくで

きないということが1日目でハッキリした。にっぽんの列車ダイヤのようにはいかないことは分かるが……。

2日目、男の子の家は1日目の訪問宅からは少し離れた集落にあった。やはり男の子は表の角に立って待っていた。土間造りのような台所に案内された。この家にはおじいさんが大きい火鉢を前にでんと構えていた。「おめえも座れ」じっと立っていた男の子に言うとおじいさんのわきに座った。ひとまず挨拶が終わると、おばあさんがお盆にお茶碗を二つ載せてやってきた。わたしとおじいさんにその茶碗を差し向けた。

「どうぞ先生さん、おあがりくだせえ」

「ハイ、いただきます」

わたしはこう言って茶碗を口に持っていき、ごくんと一口飲んだ。びっくりした、危なく吐き出すところだった。それはお茶ではなく、正しく焼酎であったのだ。それを見ておじいさんも茶椀の焼酎をぐっと飲み始めた。

「先生も結構いけるんだわ」

喜んだおじいさんは、「ま、続けてどうぞ」とおばあさんを促してすすめようとした。わたしはまだまだ勤務中ですからお酒などはのめないとさえぎり、きっぱり断った。

差し出されたモノは喜んでのみなさいと言われたことを思いだした。お茶に口を付けないで、悪い評判になった先輩がかつてはいたのかもしれない。俺たちをバカにしているのかと誤解されて立場を不利にしてしまった先生がいたことは事実のようであった。

こんなことが頭の中をよぎったが、昼間から、しかも家庭訪問中に酒などくらっていたら、何を言われるか分からない。

３日目に入る。大方の保護者、祖母や母親は普通の接し方をするが、時折変な触れ合いをされる方もいる。挨拶をかわし終わるや、かつての先生に教わっていた時にいじめられたようなことを初対面のわたしに切々とまくし立てられて弱った。

「この子の三つ上のあんちゃんがあの先生に教わっていた時には、ひどいいじめにあってしまった」「なにしろ、あんちゃんは身体が弱かったせいでみんなと同じようにてきぱきやることができなくて、一つ二つ遅れるんだよ。それを先生は大声で怒鳴りつけるんだ。子どもはどうしようもないから泣くだけだ……。もうあの先生は今はいないが。いじめ抜かれたよ。まったく」

このまま聞いていたらいつ止めるか分からない。先生にいじめられた話で終わってしまうことになる。経験者なら何とかつくろうことができるのだろうが、何しろ新米教師で、家庭訪問マニュアルなどもない。あっても役に立たないかもしれない。生の体験をして会得しなければ本物にならない。

時間になったことを告げて立ち去るよりなかった。

約10日間で児童の家はひととおり訪ね終えた。「学級経営簿」に家庭訪問の記録を一人ずつその日のうちに記入したが、満足な結果を残したとは言えない。「初めは誰でもそんなもんだ、ぼちぼち行ったらよい」助言を得て焦らずに子どもたちと四つに組んでじっくりとやることにした。

「しどみの子」とよぶ総合学習の時間にはできるだけ野原へ行き、そこでの自然や動植物との触れ合いを求めるよう努めた。子どもたちは教室の学習よりも野外

での勉強を好んだ。総合学習のようになるが、理科、社会、図工、体育、時には
アコーディオンをかついで河川敷に連れて行き土手に座って歌を唄って楽しんだ。
アコーディオンは、わたしの教育実習の担当教師がよく校外教室で伴奏をされ
ていたのに感化され、あこがれていたのである。教師になってからすぐにアコー
ディオンを月賦で買い、猛練習を重ねた。しかしあまり上達はしなかったが雰囲
気だけは保たれたものと思っている。

自然の中では開放的になり、だんだん慣れてくると子どもたち自身でこの時間
の学習の狙いを決めるようにしていき、能率的に進めるように心がけていた。
教室の中では国語科と関連付けて、「しどみの子」の狙いなるモノを話し合い
の中から検討させていった。シドミの渋酸っぱさが作用するが、あとではまたか
じりたくなる強みがある。「しどみの子を合言葉にみんなで伸びていこう」と励
ましあったのである。

4年2組35名の一人ひとりをつぶさに見ていくと1束に括ることはできない。

第四章　明日もまた元気にかよう障害児

一、仲良しになって休まぬポリオの子

受け持った学級の中にひとり、障害を持った子がいた。

この子は「発達障害児」か「学習障害児」かはっきりと区別ができなく、どちらも併存していたように記憶している。小学4年生で同学年の学習には付いていくのが難しく、言葉や動作は他の子どもよりも遅れてはいるが、教師や友達の手助けがあればクラスの一員としてやっていける子であった。

わたしが就職したころは「特殊学級」と呼ばれてこの名称は長い期間使用されていたが、人権との関係から平成18年（２００６）に学校教育法改正に伴って、「特別支援学級」と改められた。しかし、一般的に普及されるのはわたしが退職して10年も経った頃であり、当時は「特殊学級」さえもなかった。したがって「養護学校」もないのが当たり前であった。

わたしは教頭になってから、県の教育庁から派遣されて出先機関である市の教育委員会の指導主事として派遣された。国語科が専門であったがその他に「特殊学級」や「生徒指導」なども兼務していた。

「特殊学級」では教育委員会の学校教育部門に、地域の普通小学校に通学が難しいと思われる児童を判定する仕事があった。通常、常識的に考えると、先に先輩教師がこのような経験を積み、後々若手の教師に教えていくということになるであろう。しかし、わたしの場合はそれとは逆に新規採用時に身体障害児を受け持って経験を積み、それが、「特殊学級」の判定に生かされることになり、まるで逆になっている。

この新米時の貴重な経験がわたしのその後の教員生活には限りなくプラスになり、指導主事の仕事に役に立つことになった。

指導主事のわたしに与えられた仕事は、「ダウン症」の子と実際に会って面会して話をすること、同時にその両親の言い分をしっかりと聞きだすことであった。これは簡単なようであるが一般の家庭訪問のような訳にはいかない。

わたしはなるべく両親が揃ったところを期待したが、夜でなくてはできない。

しかし、訪問は夜はダメで、雨の日もダメ、晴れた日のさわやかな時を選んだ。このようなことは、大学時代の研究書にも理論書にも書いていない。頭でっかちで物事を考えてはいけないと、肌で感じた貴重な体験から得たものである。

土日にも訪問したがまず父親は顔を見せてくれない。「ダウン症」児は母親が付きっ切りになることが当たり前のようであった。当たり前とか普通であるというのは失礼な話で、母親から父親の愚痴など一編も聞いてはいない。

「この子とはいつまでも生きていかなくてはならない」

崇高なる母の決心がわたしの心に突き刺さってきたのである。恥や外聞などかなぐり捨てて、母と子が一体になっている姿は何よりも強く頼もしい。

ダウン症の子に何回か会うと「このヒトは敵か味方かを見抜いている」こんな実感をわたしにも抱けるようになった。

部屋の中で子どもの動作や仕種を第三者のスタイルで観察していると、冷えた診察の域を脱せないまま冷めた審判になってしまう。小さな庭でも外に出て2人でボール遊びをやると共通のボールを追うことになる。きゃっきゃっと声を立てる。「子どもと遊ばなければだめだ」その道の誰かが言っていたことが浮かんでくる。

普通小学校か養護学校かのどちらにするかの判定会議が行われた。時期ははっきりと覚えていないが、4月に入学し、2学期の9月に変更も考えられるとして教育委員会で7月の中ごろから開催されたように思う。

この子の一生にかかわる判定会議は、親の考え、学校長の態度、この道の専門家の意見、元特殊学級の経験者と現在直接かかわっている担当者の観察記録、市役所の環境整備予算などで審議は慎重に秘密のうちに回を重ねて行われた。

この貴重な体験を新米の教員時代に役に立たせることができればよかったと思う。当時担任した障害を背負っていた子に対しては、この子に見合う真っ当な教育をどれだけ施したかも危うい。

子どもが、好きで病気になったわけではない。親も防ぐことはできなかったのである。

担任としての姿勢ははっきりしている。「弱い子供を救ってやること」。どんな困難にもめげずに真正面から向き合うことである。

「みんな仲良く」の目標を掲げるのも必要であるが、全員が唱えても抽象的で漠然としてしまう。わたしは班を編成して特にこの子の班は男女ともしっかりしたリーダーで固めて、この子の面倒をグループで行うようにして具体化させた。6人のグループを六つ編成して動き出した。

グループへの働き掛けを強くするとグループ間の競争力が激しくなり、あのグループに負けるなとなる。互いにけん制してやっつけようとする。この辺りが難しいところで教師の出番が必要であり実力を試されるところである。

「この子がいるから遅くなってしまう」

「この子がいなければ俺らの班は一番になるのに」

このような愚痴は担任が見ていればすぐ気付くはずだ。相手は小学4年生の子どもたちである。欠点を暴き連ねるとグループ内は冷えてしまう。ならばマイナス面は触れずに良い点を取り上げて、それらをみんなの前に拡大していこうとした。これは教師としても快いもので、必ず子どもが学校の様子を家で話すはずである。小さい農村の学校である。みんなの良い点としてすぐに跳ね返って子どもたちも自信がついてくる。

目に見えて効果が表れたのは、この子が休まなくなったことである。グループ指導はわたしの気が付かなかった点でやる気を膨らませていった。

第一にはこの子に特性があって、学級では面倒が見られないほど症状はひどくなかったのではないか。特殊学級などでなくてもやっていける子だったのだろう。目標を適切に置かねばなるまい。第二は子どもたちと担任の指導ということになるが、クラスの子どもたちに恵まれていたと言える。子どもたちはいくら褒めてもよろしいが、これ以上は担任の自慢話になってしまうので割愛したい。

この経験はわたしが指導主事になって、特にダウン症の児童に接するときに非常に役に立ったのである。

二、教育センターでの「ワークシート」

指導主事になる前の充実した時代に、研修センターでの内地留学研修中、障害のある児童の取り扱いを専門の指導者からみっしり学ぶことができた。

わたしが内地留学に選ばれて、笠間市の茨城県立教育研修センターにおいて3か月の期間に成し得たことを説明しなければならない。それには、ただ緻密に計画通りに順序立てて準備ができたこともあるが、それよりも研究がうまくできる良い環境に恵まれていたということの方が強いのであった。研修をする前の準備期間に課題も決めてあった。3か月間の短い期間であるから、余計なことをやる暇も時間もない。はっきりと主任指導者と打ち合わせを行い、しっかりとした課題を決めて取りかからなければならない。わたしの課題は国語科であった。指導主任は幸運にもわたしの家から研修センターの途中に住まいがあり、しかも、この主任とごく近いところから「障害児教育の専門の研究主任」もわたしの車に乗り合わせることになり、お互いに都合がよかった。わたしは2人の先生を行きと帰りに乗せて、研修センターへ通うことができた。

こんな幸運なことは滅多にない。自家用車の中でわたしは両教師から貴重な指導を個人的に教えていただいたことになる。

この章では国語科でなく「障害児教育」が中心であるからあえてこの先生の教えを主に話を進めることにしたい。

内地留学の研修期間は、教師としての一般レベルよりも一段上のレベルの知識が必要とされている。わたしはこの指導者による障害児の取り扱い研修も選択して授業に望んだ。この授業のお蔭で専門的な用語や知識も把握できた。この3か月を享受できたことは、人と人との人間関係や裏話までも加えてわたしの血となり肉となったことは言うまでもない。

この内地留学の研究の中心的な成果は報告書『学習の作業化による読みの深め方―ワークシートの作成と活用―』（昭和51年度前期）冊子に残した。

このあとがきに次のようなことを記したのである。

（前略）県教育研修センターの研修生活はまことに貴重な経験であった。現場を離れて静かに自己を見つめることができまた、改めて現場を省みることができた。さらに主任指導者はじめ関係の先生方の深い学識とご指導に接し得たこと、同じ机を並べ研修に励み談合した留学生同志の人間的な触れ合い等、意義深いものがあった。（後略）

この研修で得た貴重な経験と教訓は今後の教育活動に大いに役に立ったことはもちろんであった。

ただ一つここで「ワークシート」の研究で書いておかねばならないことがある。茨城県では私の研究は初の試みであるが、全国的にはどうかとなるとあやうい。そこで私は担当主任と相談して日本一の実践校を訪ねてみることにした。

この私の研究報告書には「参考文献」の欄がある。ここには学習指導の先端を行く理論と実践から生まれた著書がある。30冊ほどの参考書を載せておいたがそれを全て熟読吟味しながら実践を重ねてきた。しかし、書物だけでは本物ではないと考えた。実践校の最先端を行っていた東京都池袋第五小学校に足を運び研究に学べたことはありがたかった。

個人的なことではあるが、この学校長とは双方とも退職後も現職の時と同じように年賀状のやりとりを最近まで続けていたのである。

三、第81団文部省教員海外派遣団

この内地留学が伏線となって、昭和53年度茨城県第81団文部省教員海外派遣団に選ばれ、デンマーク、チエコスロバキア、西ドイツ、イタリア、スペイン、フランス等の国々を視察することができ、ある意味で幸運であったと言える。

これらの国々の文化や歴史をはじめ教育のあり方を学ぶことができて大いにためになった。

わたしは学習指導に強い関心を抱き、教師と子どもの動きを注視しながら参観した。

このヨーロッパ視察の報告書に「印象記」として参加者26名の記録が残してある。

チエコスロバキアの首都プラハから100キロ離れたピルゼン市の小学校を視察した際、特に印象的だったのは私たちを案内してくれた女の子であった。

(前略)ピルゼン小学校では、団員の一人ひとりに小さな女の子が案内役となり、大変な歓迎ぶりを示してくれた。小さな手を出したその女の子は私からはぐれないように懸命についてきた。会談の部屋へ着き私が座ろうとすると、椅子を後へずらして座らせてくれた。女の子は安堵した様子で白い顔が赤るんだ。私は思わずもう一度その子の手を握った。

ピルゼンを去る時、これらの行為はいったいどこから来るのであろうか考えさせられたのである。

「知らない人に声をかけられたら口を開くな」これが私の執っている教育の姿で

ある。国が違うと言ってしまえばそれまでである。その場によって使いわけが出来るのなら、申し分のないことではある。しかし、相手は子供である。小さい内から体を通してしつけられ、大人のまねをして育っていくのが子供である。生命の尊さは何よりも優先させるべきものであるということもわかる。何とも割り切れないものを感ずるのである。

「小さな親切運動」というものがかつて興った。いや、今もやっているのかもしれない。

老人に席を譲る。道を聞かれたら教えてあげる。これは小さな親切というよりは大きな親切である。その行為の大小にかかわらず、人が他の人に真心をこめて行った場合、代償を求めない親切を小さな親切運動と言っているのであろうか。

私は小さい女の子の握手の感触を忘れることができない。このヨーロッパ視察の収穫として、人の心を揺さぶることのできた心の財産をいつまでも大事にしていきたい。（完）

「印象記」に私が残したスペインでの記録「小さな握手」からの抜粋だが現在の

国の様子は報道によると政局の影響からか困難を窮めている。40年前の学校視察の頃は平和で活気のある学校であったことを思うと誠に残念である。

上記の「内地留学」と「海外視察」はわたしにとって、今後の教育活動に大いに役に立ったことは言うまでもない。

第五章　学力のつく主体的な学習法

一、頑固さで床屋の旦那と意気投合

第五章は学力のつく学習法について述べてみたい。章の最初に床屋の旦那が登場するなんてと驚かれるであろうが、そのわけをまず述べておきたい。

この床屋の指導とは客に対するものでなく、今から床屋になろうとしている弟子の教育指導である。その指導の根幹となる考え方が、わたしと共鳴するのであり、それは頑固さなのである。

頑固に良いも悪いもないであろうが、とにかくこの旦那の頑固さには、信念というものがあるということ。これといったら下手に妥協せず、我儘や要領よく振る舞うなどは決して許さないということであった。頑固と二文字で表すようないかにも古くさい分からず屋と言われるかもしれない。

しかし考えてみると、大工や屋根屋とかの職人の親方は常に「頑固さ」で仕込まれてきているのである。

床屋も昔は職人といわれていたものと思うが、この床屋の旦那も若くして助手の指導を引受けたものに違いない。したがって基本の考えなのでこの章の初めに掲げてみるものとする。


80年も住んでいた田舎から都会に転居することになった。行政上の手続きは息子の嫁がやってくれたので助かった。だが、わたしの暮らしに直接関係のある床屋とか医者などは自分で決めなければならない。

そこで床屋の話を進めていきたい。それにはこの田舎の床屋のことを語らないと始まらない。わたしの初出版のエッセイの舞台はほぼこの田舎であり、「掛かり付けの医者」の登場は、この医者の許可を得ている。わたしは床屋に掛かっているとき、この床屋さんもエッセイに、名前は出さないから書かせてもらいたいと床屋の奥さんに申し出たいきさつがある。

「こんな光栄なことはないから是非書いて欲しい」喜んで承諾していただいた。

しかし、約束したものの初エッセイには書けなくなり申し訳なかったとお詫びの手紙を届けたのである。

このようないきさつから、田舎での行き付けの床屋について是非語っておきたい。

さらに分かっていただきたいのは、この第五章のうちのいくつかの根底にある指導力は、旦那とわたしが持ち合わせている「頑固さ」から生まれているのである。意志を貫こうとする「しつこさ」というものがあるから、素晴らしいアイデアも生まれてくるのである。表面的に見れば昔の習わしに縛られているように見えるがまるっきり拘泥しているだけではない。前向きな展開は常に2人とも抱いていたのである。

この街の西方には観光に遊歩道にと活躍している周囲6キロメートルほどの大きな公営の貯水池がある。この地域では「砂沼」と呼んで、古くからプールやスポーツ施設、花火大会や魚釣り、ジョギング、お花見、デートなどに訪れて楽しんでいた。

そのほとりの近くに「理容室・美容室／エステ」のお店がある。今でこそ近代的な名前になっているが、昔は「理髪店」だった。50年も前からこの床屋さんにお世話になっているうちに、いつの間にか常連となっていた。遠い昔のことを思い起こすとなつかしさが込み込み上げてくる。

わたしが学校の先生になって全校12クラスの小学校で4年生を受け持ち、1年間経過した時分であった。髪がだいぶ伸びてきたので学校の近くの床屋にとりあえず行ってみた。中年ぐらいの女性の床屋だった。初めての出逢いのせいか、学校のことや家のことなど、まるでお巡りさんが尋問しているようにあれこれと聞いてくる。学校の内部のことなどむやみに外部には漏らせない。慎重に答えていたがたまらなくなって、2度目は遠慮することにして別の床屋を探すことにした。

勤め先でなく今度は住居の近くをいくつか当たってみたが気に入った床屋はなかった。出張の帰りに「砂沼」の側を通ると床屋のマーク入りの照明がくるくる回っていた。

「ちょっと寄ってみるか」軽い気持ちではあるが何か引きつけられるものがあっ

たのだろう。ドアを開けて入ったのが、この床屋との出逢いであった。若い主人とさらに若い女性がお店で働いていた。おじいさんのような年寄りがいたが、わたしが主人と話し始めると奥の方へ引っ込んでしまった。

「初めて来たのですが、よろしくお願いします」

そう挨拶をして待合用の椅子に腰をおろした。ほかの客はもう既に終わったらしく客はわたし一人であった。

「どうぞこちらへお掛けになってください」

大きな鏡のある床屋独特の椅子に腰をおろすと見習いの女の子は、髪を櫛で梳かしながらいろいろ聞いてきた。主人が散髪をする前の準備をこの助手はやっているのだと思っていたら、いつまでも主人は来ない。こんな不安をよそに助手はバリカンで後頭部や耳の付近の髪をそぎ落とし始めた。見習いでなく、任せても大丈夫な一人前の助手なのかと思い巡らせていた。それにしてもこの主人はどこへ行ってしまったのだろう。初めての客なのにほったらかしておいて急用でも出来たのか、それとも具合でも悪くなり、奥の部屋で休んでいるのだろうか。

助手は話しをするでもなく、はさみをチョキチョキと器用に動かして進めていった。お初にお目に掛かった床屋さんである。勤め先の近くの床屋はべらべらとまくし立てる。こちらはだんまり。床屋でなくても初対面は誰しもしゃべらないものだと思う。ましてしゃべられたから困ってこちらへ来たのだから。

「スソの方は短く」こう言ったはずだが、どうしたわけか助手は短くはしない主義か。

大鏡に映る短くない我がスソを見つめていると、その鏡に主人が映っている。

「いやあ、お客さん、申し訳なかったですね。近所に急用ができてしまいちょっと出かけてしまったので」

主人ははさみの手を助手から替わろうとした。

「ハサミの入れ方はこんな風でいいでしょうか」

わたしは抱いていた不安を思わず言ってしまった。

「スソのあたりをもっと短くして欲しい」

遠慮しながら発すると側に立っていた助手は何か不満げにぶつぶつ言ったようであった。

「もういい。あんたには頼まないから」

初めての客がいるので、主人はつぶやくようには言ったが、中身はかなりきつい言い方であった。

「分かりました!」

大きな声を発するや助手はがたがたと奥へ引っ込んでしまった。主人と助手の葛藤は一瞬で終わり、主人は何事もなかったようにわたしの髪の毛を刈り始めた。その間何度となくハサミの具合を聞きながら散髪に集中していた。初めからやり直しているようであった。

わたしは流れてくる意味のないクラシックをバックに、あれやこれやと2人の仲を思い巡らせていた。この2人のトラブルは今に始まったことではないと判断した。床屋の資格を得るのには最終的に実際の床屋で何か月か住み込みで実習しなければならない。たまたま雇われたこの助手の腕はよかったかもしれないが、性格が強くて素直さに欠けたのではないか。このままでは収まらないと思うと同時に、このトラブルには多少の責任がわたしにもあると思っていた。

30日ほど経過して2度目の散髪にこの床屋のドアを開けた。待合用の畳の座敷では、ここのおじいさんと客が将棋を指していた。床屋独特の風景であり、待ち時間や終わってからのお楽しみとして将棋で時間をつぶしている様子を昔はよく見かけた。以前はこのおじいさんが主人で後釜ができたので譲っていたのであろう。

未だ2度目であるからわたしの名前も名乗れず、この前のこともこちらからは言い出しにくい。ただこの前の助手の姿が見当たらなかった。

3回目が訪れた。若い主人も昔気質の持ち主か一刻の根性を備えているようである。やや無口であるがお互いに気心までは分からない。ただ何となくわたしと似たような性格であると感じた。驚いたのはあの助手でなく、代わりに人気女優と似た女の子が働いている。主人との少ない会話からでもおしとやかさが感じられた。

「この前の助手の方はどうしました」思い切って聞いてみた。

「辞めてもらいました」

「そうですか」

よかったですねとも言えず、後は続かずに詮索するだけであった。

後で考えるとこの床屋さんとの強烈な出逢いは忘れることができず、時折思い出すが、我ながら50年余の長い付き合いになるとは予想もしていなかった。

主人はこの女性と結婚し二人三脚で理髪店を切り盛りして順調に繁盛していった。

主人とわたしの生まれた年が同じであったということもあり、同級生のような親しみを感じていた。この家族はふたりの男の子にも恵まれて、男の子たちは大きく成長していったのである。

床屋さんの50年の歴史は、お付き合いのなかで概要はつかみ得たが、細部のことまでは分かってはいなかったように思う。

スペースの関係上床屋一家の変化の項目だけを記入することにしたい。
・長男が美容師の資格を持つ嫁を娶る
・日当たりがよい道路の北側に新築
・主人の急死後、長男夫婦と母親がスクラムを組み、努力を重ね急成長する
・丁寧、清潔、和やかで潤いのあるエステ
わたしとしては離れていても半世紀もお世話になった床屋さんのことは忘れられない。ご家族のご発展を祈念申し上げたい。

さらに付け加えたいことがあるので、もう少し付き合っていただきたい。

毎日、バリカンとハサミでお客さんと真剣に仕事をしているとストレスもたまるであろう。ストレスの解消に彼は伝書鳩を趣味に持ち、床屋の屋上に小さな鳩小屋を作って飼育していた。ゴルフとか釣りではなく、伝書鳩とはなかなか高尚な趣味であまり見かけない。

相手は生き物である。素人目には床屋も人間相手。鳩はなおさら神経が得るとも考えられる。何年かして彼の話しによると伝書鳩には全国的な組織があって、そこに加入しているという。自分がしつけた伝書鳩を自家用車に乗せて、他県の伝書鳩コンクールに参加するのだという。これは鳩を通した真剣勝負であり、我が家にたどり着かせることができるか不安もあって、ストレス解消には最高に楽しい趣味だと言っている。

わたしの趣味も話して益々意気投合したことがなつかしい思い出となっている。

二、音読の長さで決めるチャンピオン

「読書百遍義自ずからあらわる」という格言があるように、最初は分からなくても百遍も読めば、意味も自然と分かってくるものだという。漢文や和歌などは声を出しながら読むように国語の指導者はこのような手法をよく使っていたものである。わたしも和歌などは、宮中での独特の節回しをまねて遊び半分に朗々と唱えていたものである。

それも遊び半分にやるのであったならそれでもよろしいが、基礎学力を付けてやることを考えるとあまり効果的とは言えない。

子どもと真正面から対決している国語教師は、子どもに強制的なことはさせられない。わたしは主体的に本気になって教科書と面と向かってやれること、そして学力の付く方法を考案した。苦痛でなく誰もが自分のペースでやれる方法はなかなか見つからないものだ。

教科書を読めるようにする方法として従来からよく使われているのは、家で何回も読むことを子どもに宿題として与えることである。

つまりこれは教師からの子どもへの強制である。子どもが何回読んだか分からないので、カード表などを用いて保護者からの確認の認めを押してもらい、次の朝提出することとなっている。いわば保護者の協力がなければ子どもの教科書読みは成立しない。子どもを信用していないことになり、主体性からすれば全ては近代的な学習から遠のくことになる。

教師にやらされるから仕方なく保護者の前で教科書を読んでいることになる。勉強というのは、こんな仕方では長くは続かない。

わたしも教師になり立ての頃は、自分がかつての先生から強制されたような方法で、とりわけ考えもせずに悶々と長い間続けてきた。

「マイナス面を克服するにはどうしたらよいか」自分に課題を与えることから出発した。問題点を追求すると、だんだんと解明されていくのが分かる。なんでもそうであるが「昔のやり方を一変すること」と自分に言い聞かせると考えが浮かんでくるものである。

①宿題として強制的に与えないこと
②自主的に行うように仕向けること
③教師は子どもに読ませるプロである
④国語教師はプロの中のプロである
⑤目指すは読みのチャンピオンを

「理屈はいいから早く具体的なアイデアを出せ」と迫られているような気がしてきた。いよいよその課題を解決するために、子どもへの具体的な方策を述べていきたい。


小学5年生の国語の授業風景を思い浮かべていただきたい。

「この時間に音読のチャンピオンを決めていきましょう」

「まず初めに10分間だけ各自音読の練習をしてください」

一人ひとりが音読を始める。

「はい、止めてください。今日は誰からですか」

この後、順番に教科書にある「大造じいさんとガン」（椋鳩十）を音読していく。教科書の文字を目で追いながら読み間違うか、つかえて二度読み返すか、誰かが音読をストップするまで張り詰めている。（読みの早さや声の大きさは読み手に任せる）

1行も読まないうちにつまずいてストップする子、5、6行までは読み進める子、1頁読み進めていく子、音読の長さはいろいろ。読み手も聞き手も緊張感でいっぱい。比較的長い文章をつまずかないで読める子、あるいは読み間違いからストップしてしまうと本人も他の児童も「はー」とためいきを漏らすこともある。

読み手が間違いに気づかないで読んでいると、他の児童から「ストップ」と大きな声が飛び出すこともある。35名の学級なら1名の音読に34名の審判官が審査するのであるから、45分の授業ぐらいあっという間に終わってしまう。これほどの緊張を要する主体的な授業があるだろうか。

「家でやってこい」などと教師が言わなくても誰もが一生懸命に努力してくる。子どもたちは子どもたちなりにチャンピオンを目指して「今度こそは」とひそかに目標を決めている。

文学作品の場合には文章の内容に左右されて感情移入されてくるから、読みの上手な子は主題に迫る読みが生まれてくる。

教師からの「読み聞かせ」をやる場合、よほど練習をしていないと教師もつまずくことがある。ひょうきんな子の一人から「先生ストップ」と声をかけられることもある。教師たるもの模範となる実力を付けておかなければなるまい。

何年もこの指導方法をやっていると、「歯切れのよい子」と「発音の不明瞭な子」がいることに気づく。概して男の子より女の子の方がだんぜん歯切れはよい。専門的にはいろいろあるのだろうが、一般的に大人でも同じようである。

アナウンサーは職業柄、早口言葉とかラ行のレッスンで鍛えているからさすがだと感心する。逆にアナウンサーでなく単に原稿を読み上げるだけの素人の音読を聞くと、何度もつまずいて「ストップ」と声を上げたくなる。

子どもたちに音読についてそれとなく聞くと、「先生、つっかえるところはいつも同じところです」赤線を引いた教科書を見せてくれた。「いい発見だ」褒めるとにっこりしている。

わたしは都会から転入してきた女の子を校内放送の係にして、はっきりした口調で標準語のアクセントを全校生の耳に響かせて感化させるようにしたことがある。

さらに次のようなことが頭の隅にあったのを思い出した。イントネーションは小学校5年のうちに決まってくる。だからアナウンサーになるのには、方言混じりの言葉で育った者には難しいと思うのである。もちろん例外はあるが、一般的に言われていることは確かであろう。

例えば、わたしの出張で自習になる場合には、自習時間にこの音読をあてる場合がある。前日の「帰りの会」の話し合いに、翌日の自習計画を決めている。子どもたちに自習の希望を聞くと、国語の時間は、「教科書の音読にしよう」という意見が多数になる。子どもたちは、チャンピオンになるチャンス到来とばかり興味がわいてきている。さらに次の授業が理科などの場合、子どもたちだけで自習するには危険性もあるし、子どもたちだけではできないことが多い。そのようなことは子どもも分かっているから、それならば「音読を2時間やろう」ということになる。休み時間に一息入れて音読を計画している。このような経験のない子どもたちや担任だったら分からないかもしれない。

しかし、休み時間を挟んで音読の自習をするとすれば、緊張感で2時間ぐらいあっという間に過ぎてしまう。

隣のクラスの先生に真剣な自習態度に感心させられたと言われたことがある。この音読は積極的に薦めることができる。

子どもたちの国語の教科書を見ると、ページをめくる箇所が指の跡でぶわぶわになってきている。そこで名言を一つ。

「音読で滑らかになる舌の先」

「メリットばかりでデメリットはないのか」との問いには答えなければならない。いやしくも、この本の狙いは「教育のページに四捨五入はない」である。マイナス面を四捨として切りすてにすることはできない。

そう考えると、科学的にとらえたわけではなく、わたしの感性から判断をしていることとなのでマイナスはないとは言えない。

これは前にも少し触れたが「歯切れの悪い子はどうしてもチャンピオンにはなりにくい」ということ。それでもある程度努力をすれば、かなり是正はできる。歯切れの悪い人は（大人も含めて）概して口の開け方が小さいことが分かった。合唱団の練習ぶりを見るとすぐ気づくであろう。コーラス団の歌い方を見ると口を大きく開けて歌っている姿が目に付く。子どもの合唱団ばかりではない。女声コーラス団などは、見事な口の開けっぷりではないか。おまけに口ばかりではない。顔も動かし体で歌っている。

このような場面を録画しておいて、担任が「音読」の指導をすれば、子どもはすぐに納得して練習するはずである。歯切れの悪い原因は他にもあるだろうが、口を縦にも横にも大きく開けることは大切なことである。ただ気をつけたいのは、大きく開けるとそこに力が結集してしまい、逆に固まってしまうことである。教師自身が自分で試してみるとはっきり分かると思う。この点については合唱の指揮者に教わったわけではない。音楽の専門家ならば的確な指導助言が期待されるのではないかと思う。

次に6年生用の文学作品である「桃花片」（岡野薫子）について少し触れておきたい。ある教科書会社では3年間連続で掲載していた。これを読解するのは、かなり難しい。しかし、6年生ならば主題はつかみ取らなければなるまい。

その前提になるのは、わたしの「音読法」である。最近の指導書には、パソコンソフトからデジタル化まで至れり付くせりのサービスがある。あれば超したことはなく、この音読法に加えればよい。教師の教材研究にも役に立って、実際の授業も板書だけでなく適切で効率よいものに展開される。あるものは大いに利用されるとよい。

「音読法」は地味ではあるが児童の将来にとっても基礎の学力が身につけば結構なのではないか。

なお、わたしは物語や童話にばかり「音読法」を展開しているのではない。説明文から紀行文その他教科書の全てを対象にしていたのである。

三、逆立ちで6歩進めば5が取れる

逆立ちは一般的には倒立と言う。その「倒立」がわたしにはどうしてもできない。土壁や板塀を利用して逆立ちの練習をすると、壁や塀に寄りかかって、一応頭は下に足は上にはなる。ゆっくり数えて五つぐらいなら立っていられる。しかし、壁や塀から足をずらして歩こうとするとすぐに倒れてしまう。子どもたちの前で、模範を示すことはできない。

新米教師の頃、県の教育関係から、「体育実技講習会」と称して、いくつかの講習を割り当てられた。「倒立」の講習はなく、「前回り」の講習に出席した。教官の見本の演技があり、新米教師らはその後に演技した。十数人であったが、「前回り」ができた人は2名程であった。そのときの悔しさが何とも言えず強烈に残っていた。

わたしは日曜日に野良仕事をやっていた。食いブチのためにお袋が親戚から畑を借り、その頃は、粟餅を作るための粟の収穫期になっていた。粟を収穫した後の木の枝を稲束のように縄でくくり、いくつかをマット代わりに敷いて、「前回り」の特訓をした。「俺にできないことはない」と自分に言い聞かせて汗をかいたお蔭でこの「前回り」は見事にできたのである。

ところで例の「倒立」はどういうわけか、だいぶ練習をしても、オリンピック選手のマット運動のようにはいかない。専門家なら軽々とやってのけるコツがあるのだろう。「俺ができないのだから、子どもができたなら通信簿は5だ」と約束した。

それは6年生を受け持っていたときの一学期の通信簿をつける時期、6月の頃だったと記憶している。できても1人ぐらいであろうと思っていたが1人もいなかった。この時には、1人ずつ行って審判は担任とクラスの子ども全員であった。倒立して3歩や4歩はできた子もいるが、あとは崩れてしまい残念であった。

挑戦者の回りに囲んだクラスの全員は、「1歩、2歩、3歩」と気合いをかけて皆応援していた。倒れると一斉に拍手をしながら賛意を評していた。

一学期はある目標をさだめて、それを達成した児童に5の評価をつけたが、倒立では5の者はいなかった。しかし倒立以外にも体育の評価は他にいくらもある。例えば幅跳び、高飛び、短距離走などである。いずれも練習の機会は体育の時間を含めて自主的にトレーニングできるように時間は取っている。

子どもたちに前向きの向上心を課題として持たせるようにしている。生まれつきの天性の運動能力だけで評価をしたなら、可哀想である。下手は下手なりに努力と知恵が加わることを常に抱くことができる環境作りを教師は与えなければと考えている。

わたしは倒立の他に、「冬のマラソン」「二重縄跳び」のチャンピオンは5が取れると子どもたちに予告をしておいた。三学期の自主的トレーニングは男女ともすさまじいものであった。

「二重縄跳び」は場所を取らず、どこでもやれる。わたしはこれも2、3回はできたが早さのタイミングが取れないので満足にはできない。子どもたちは連日目に見えぬチャンピオンと対決して、「誰それの方が自分よりできる」との情報を掴んで頑張っている。縄跳びは危険性が低く、せまいところでもやれる。評価も簡単ではっきりしている。

二重跳びの他に何回連続して跳べるかを競うのも面白い。これは単に一学級だけでなく全校生でやったことがある。いつだったか校庭に全員で一度にやったことを思い出した。

先生も全員運動場に出て審判をやった。つまずいた子はその場に腰をおろして、審判の役目をするという、にわか判定官となった。判定官の人数は徐々に増えていく。逆に跳び続けている子は極端に少数になってくる。30分過ぎると、20人ぐらいに限られてくる。

40分になると10人ぐらいになる。クラスの応援団から声援が入り、気合いもかかってくる。学校のチャンピオンは誰か。おもしろくなってきた。応援も激しくなってきた。1人抜け1人崩れて、50分になると残り3人になり男の子2人、女の子1人となった。

1時間近くなるとついに女の子は崩れた。汗はびっしょりで顔は赤く紅潮していた。へなへなと地面に崩れてしまった。拍手も上がった。

体育部の先生が3人ぐらい集まって相談をしていた。ついに1時間になったときに、体育主任からホイッスルが鳴り、ストップの声が掛けられた。「健康の安全を考えて、まだ続けられるようだが終わりにします。今日のチャンピオンは2人です」それを聞くとみんなから拍手があがった。

また、マラソンの評価もはっきりしている。寒い冬である。子どもたちは連日田んぼの路を寒風と闘いながらマラソンの練習を重ねたと、保護者会の時におかあさん方から情報を得たのである。男女一緒にスタートラインに集合して、「用意ドン」で一斉に走り出す。あらかじめコースは決め、たんぼ道の曲がり角には印の棒を立てておいた。チャンピオンは男子であった。通知表の評価は迷わずに5を付けた。

体育だけではなく、縦笛のテストでも5を付けると約束をした。音楽室が空いていないときは、教室での練習は隣のクラスの勉強の妨げになるので校庭に出て練習をした。これも男女に関係なく評価した。「小学校6年間のうち、あの時ほど笛の練習を一生懸命やったことはない」こんな思い出を、卒業して中学校へ上がった子から聞いたのである。5を取れる取れないは別として、しっかりした目標を持てば、好き嫌いなどを克服して精一杯の働きを示すものである。

わたしのやりかたは間違ってはいないと確信している。


次にもう一つ、小学校では図工科は担任が教えている場合が多い。わたしが新しく採用された頃のことかと記憶しているが、中学年を担当していたときのことだ。

この頃この地区の学校では、合同で絵画のコンクールを開いていた。学校の代表教師が風景の良さそうな箇所を選定して、そこに各学校の選手が集まって、風景画を競うものだった。

わたしは代表教師の代理として、会場に自転車で向かう選手5、6名に付き添った。

風景画の審査にはわたしは直接関係がなく、その様子を後で聞いて結果を確かめた。我が校は一人も入賞者がいなく、がっかりした。

我が校の選手がどんな絵を描き、描き方はどうだったのかとわたしなりに反省点を挙げて検討してみた。しかし、終わってからでは後の祭りで早く気がついていれば何らかの指導の手立てはあったものと後悔した。少なくとも、場所はどこか、どんなコンクールか、知っておくべきであった。前日の帰り際に突然代理監督を命じられたので、子どもたちの安全が第一で事故を起こさなければよいと思っていた。

ただ次の風景画の指導のために反省を含めてまとめてみた。

①どこに視点をおいて描写するか。（数人同じところに集まって描かない。無駄話をせず描写に集中する）

②構図に時間を掛けて、時間の配分を考慮すること。（素描の技術を指導しておく）

③描く楽しみだけに没頭し質を高めること。（写生も遊び半分にならないように）

コンクールの敗北から、今後の指導に活かせるようにわたしなりの指導法を編み出した。

・モチーフ（焦点描写）画法

モチーフは美術用語として使っていることは後になって分かったが、当時は便宜上、子どもたちに指導する場合には、焦点とか中心という表現を用いて説明をした。

ある学校の6年生を受け持ったときに、この方法で指導した。室内での静物画と屋外での写生では若干違いがあるかもしれない。

デッサンだけの基礎のトレーニングとして、学校の敷地内からは出ないようにとの条件を子どもたちに与えた。

次は焦点はどこをとらえてもかまわない。校舎をとらえた場合、全体をとらえるのでなく、ある部分だけを見つめて描写する。子どもたちの様子を見ながら、質問を受けたり遊び半分の子を注意したりして回った。ある程度時間が経ってもまだ対象をとらえるのに迷ってふらふら歩いている子もいた。

子どもたちがこの焦点画の方法を会得してから、チャンピオンを決めようという話が上がった。候補作の希望を募り、それらを黒板に掲げて、互いに意見を交換させた。

この方法は結構子どもたちには評判がよく、その後は何度も採用して描く力を高めていった。

その中で、高評価の意見が最も多く上がった優秀作を紹介したい。

校舎には雨樋がある。その雨樋を画用紙の中央に大きく描き、左右の外壁を四六に配当した構図になっている。一目で雨樋だと分かり、外壁の黒白の具合もはっきりと分かれて、「うまいなあ」という声が多く上がった。鉛筆だけで描いたものであるが、影になっている部分は黒く、光の当たるところは白くなっている。雨樋も丸みを帯びている部分や曲がり具合が滑らかに描かれている。

具体的な賞は行わなかったが、わたしの総合評価としてまとめの指導を行った。

①子どもたちの意見が非常によかったこと。

友だちの意見はみな参考になるようだ。うなずいていた。

②その日の話し合いで、焦点画の描き方がだいたい分かったとのこと。

③今度描くときは、対象を早く見つけてみたい。

子どもたちは、焦点画の方法が分かると、次の図工の時間が待ち遠しくなるようだ。

図工に限らずどの教科も同じで、勉強のやり方が分かれば面白くなる。子どもたちが前進をしたときに初めて「教師冥利に尽きる」と言えるのではなかろうか。

四、喜んで励む縦割り掃除班

自分たちの学校は自分たちの手で掃除をしてきれいな環境の中で勉強に励みたい。暑くても寒くても学び舎はいつも清潔にしなければならず、これは昔から決まっている。当たり前のことで、異を唱える人はいない。しかし、この当たり前のことが、うまくいっていない学校もあるのではないか。掃除の班わけのこと、掃除の仕方、怠けなどきちんとしているかと問えば評価はいろいろであろう。

根本的には教師の姿勢にある。現実をしっかりとらえて対処すればよいものをそのままほったらかしにしているのである。面倒なものは避けている。「細かい野郎だ、まあまあ行っているのだから、これ以上無理にやらなくてもいいんじゃないの」面倒くさがりやの一言で問題修正はおじゃんとなる。最終的な問題は教師の意識のバラつきにある。学校教育の一番に「掃除はきちんとやりましょう」「隅々まで清掃作業をやりましょう」などと目標に立てているところはあまりない。

学校長がこれを言ったらどうだろう。「細かい神経質な」と陰でののしられるのが落ちだ。

その通りで、学校目標では清掃などは末端のことである。「たかが清掃、もっとやることがあるはずだ」と一蹴されてしまう。このような態度が一番問題で毎日行っている清掃作業をしっかりやれなくて、大きな目標がうまくいっているためしなどはない。つまらないことと逃げてしまうから、いつまでも改善はできない。怠けとだらしない子どもをそのままにしておくと、要領だけが上手になっていく。

「明日は県から偉い人が来るから、隅々まできれいにやるように」各担任が一斉に本気になって、叱り飛ばしながらやらせる。

家庭でも同じようなことはあるが、「お客さんが来るから」と言って家庭の掃除をやるのとは少し違うようだ。家での作業は「お客さんの歓迎」ということで、気持ちの持ちようが異なる。

わたしの体験したある学校は各学年とも単学級であった。1年生から6年生まで入学から最終学年までだいたい同じメンバーだ。引っ込み思案の子、積極的な子、強い子、弱い子など幼稚園からほぼ決まっている。そこで、小規模学校において実施したこと。

1年生は自分の教室の清掃を。慣例にならい、初めの頃は担任と一緒に、自分の教室の清掃だけをしっかりやることにする。

2年生から6年生までを縦割りにして、一つの班に男女5、6名ずつ編成する。6年生が班長になり、掃除箇所に集まって掃除を始める。人数のバランスが多少異なる班もできるが、たいした問題ではない。縦割り班の良さは5、6年生になると多くの子どもが班長か副班長になり、責任を持たなくてはならない。6年生が小さい2年生の面倒を見ながら清掃作業をやっている姿は、ほほえましい。

学級担任の清掃時の指導範囲も工夫をして見回りをする。サボったり怠けたりする子は皆無に近いとの声である。

特に担任が出張や都合で休む日のことでも、「掃除の時間については心配などしたことはない」と言っている。

さらに、この縦割り清掃を中学校に当てはめると、驚くほど効果てきめんである。中学3年の声変わりしてきた猛者が自分の班にかわいい1年生の女子が入ってくると、とたんに兄貴ぶりを発揮するらしい。「そこは俺がやるから、あそこの隅の方でいいよ」。「学校で一番楽しいのは給食と掃除」とくる。

まだある。先生方が学校生活のうち、清掃作業のことで、「ここは汚いからやり直し」とか、「怠け者はバツとして掃除だ」などと、子どもたちを叱り飛ばさなくても済むということ。もちろん先生も掃除の監督で汗をかかなくてはならないが、心配の必要がなくなるのである。先生がいてもいなくても子どもたちは班長を先頭に自主的に張り切るからすてきなのである。

こういうことになったら、まず、縦割り清掃は成功と言えよう。小学校も中学校も小規模も大規模も関係はない。どこの学校でも明日からでも行うことができる。男子と女子、各学年が集まる縦割りでできた班編制である。班編制の仕方を工夫するとあまり時間をかけずにうまくできるはずである。

どこの学校も時間で動いていると思うが、チャイムが鳴ってもやめないで授業を続けると全校の掃除班に差し障りができてくる。

また、保護者から「先生、うちのお兄ちゃんは学校で掃除をよくやっているせいか、近頃自分の部屋をきれいにしているの」こんな喜びの声を聞いて、わたしもにっこり対応したのである。

五、新聞教育：ニュース発表朝の会

国語研究会では課題解決のための会合を小学校を会場にして度々行っている。

この日も授業研究会を開催した。他の学校の参観者はわたしの授業を観ようと、だいぶ前から教室の後ろや廊下に控えていた。授業開始までには10分ほどの時間があった。ただ待っているだけではつまらないので子どもたちはきょろきょろして落ち着かない。

待っている間に、毎朝行っている「ニュース発表をやろう」と提案した。

順番でやっているので発表する子の準備は整っていた。発表の子は家庭で取っている新聞から気になるニュースを選んできて発表するのである。

誰がどんなニュースを発表したのか記憶にはない。普段は2名ずつ発表していたがその日は特別な日であるからとの理由で1人だけにしたような記憶は残っている。

発表が終わると、それに対して同じようなニュースを他の児童からも発表してもらうのである。発表者が司会進行もやるように普段から行っているのであまり担任は口を挟まない。同様なニュースの発表が少ない場合は、発表者を増やしたり、意見なども加える場合もある。これらは臨機応変に対応している。

子どもから質問が出た場合は、学年に応じてやさしく教師の意見を述べていきたい。ただ政治に関するやりとりには気をつけねばならないと思っていた。子どもが集めてくるニュース発表には、親の考え方も含めて思想的なものが話題にのぼることがある。

「うちのおとうさんは、こんな大臣は困ると言っているけど先生はどう思いますか」などに直接答えて、親との考えに同調したり反対したりすることはできない。また個人のプライバシーを侵害するようなことにも気をつけなければならない。「一般的に言えば」とかも言えない。国会の予算委員会などとは違うし、小学生の子どもたちに「一般的には」などと断りを入れても分からない。

当日の授業終了後、研究授業についての話し合いが行われた。

話し合いを始める前に、参観者の方から特別な要望があったらしく、司会者から「ニュースの発表」の質疑を特別に取り扱いたいという旨の話があった。わたしは断る理由もないので了承した。

質問者からは、①「何年生からやっているのか」、②「どんなことが問題点だったか」、③「困ったことは何か」、④「どんな効果があるか」というような質問が出された。

わたしは時間も限られているので、思いつくままに返答をした。このときの答えを順に述べておきたい。

①5、6年生が行っている。

②問題点としては、前述したように政治的なことは慎重に対処し、自己の主義主張については、はっきり批判をしないこと。

③新聞を取っていない家もあるため、ニュースはテレビからでもラジオからでもよいということ。学校の図書室には子ども新聞があるから、今朝のニュースということでなく、一週間の期間内でもよいことにしている。

④教育効果はたくさんある。小学生は小学生なりに、世の中の動きをはっきりと掴むことができる。事故や事件ばかりでなく、日本から世界の動きまで、毎日の変動に子どももなりに反応を見せることができるようになる。大人の仲間入りができて世の中の動きに敏感になってくる。外国人を見る目が違ってくる。将来は外国語を学んで、外国へ行ってみたいとの大望を抱くようになるのではと期待したい。

今でこそNIE（新聞教育）などと言われているが、わたしが、「ニュースの発表」を実践していたのは、今より45年も前になる。国語の研究授業の前の珍しい光景を見て参観者の中には異様なことをやっていると目に映ったのであろう。わたしとしては別に奇をてらい、先取りして始めたのではない。「井の中の蛙では駄目で、大海を知らなければ」との願いからであった。

わたしが校長になった頃（1987年）に新規の採用教員として同僚になった若い張り切った女性の先生がおられた。この先生から、最近（2017年）お手紙をいただき、近況報告としてNIE（新聞教育）で文部科学省から優秀教員として表彰されたということであった。わたしは賛辞を表し拍手をしたものである。

新聞社関係からだけの表彰でなく、文部科学省からとは、新聞教育もずいぶん発展したものだと驚いたのである。

考えるとクラスだけの小さなニュースショーが現在は大きなうねりとなって、世界への橋渡しとして成長している。小さな輪が大きくなって、世界の人々と手を握っているのだ。その立役者が同僚だったとは。

「Thank you very much」

六、読書感想文の手ほどきを

小中学校時代、読書感想文は夏休みの宿題と相場が決まっていた。これは今でも同じかどうか分からないが、続いているような気がする。クラスの全員に課されたか、代表だけだったのか。

「やんなっちゃうよ、読書感想文がなけりゃ夏休みも楽しいのに」

いずれにせよ、読書感想文は先生にも子どもたちにも荷厄介な代物には違いない。本を読むのは好きだが、読書感想文がつきまとっては、本も嫌いになる恐れがある。

懸命な教師は、全員に感想文の宿題を与えて犠牲者を多くするようなことを避ける名案を考えついたのである。感想文の上手な子一人を指名して、全員には分からないように、その子にそっと通知をしておく。上手な子は毎年頼まれるからどんどん上手になっていく。さらに教師も少しだけのアドバイスで済むから助かる。しかも優秀な読書感想文が仕上がることが約束できる。

最近は「読書感想文請負人」までいるとのこと。塾の先生かどうかは分からないが、需要供給の時代だからしょうがないと諦めるわけにはいかない。

読書感想文の大切な手ほどきは後に示すことにして、その手ほどきから生まれた小中学生の感想文をまずは例示することをお許しいただきたい。

その前に一言お詫びを。わたしは、都合で一昨年に田舎から都会に移った。この都会には明治、大正、昭和と活躍した、国内はもちろん世界的な文豪がおられた。

夏目漱石、森鷗外、芥川龍之介の3名である。この他にも多くおられるとは思うがわたしの指導範囲の都合で限定させていただきたい。文豪に縁のある名所旧跡、記念館などは今の住まいから散歩がてら歩いて行けるところにあるため、行きたくなればすぐにでも何度でも行ける。

それにわたしは小中学校の教師であり特に国語を専門にやってきたものである。おまけにこの3名は、教科書、副読本で目に触れる回数は他の作家に比べて数段上にいる。

加えて、3名の文豪については、大学教師や研究者に山ほど研究されて、わたしがその研究に携わることは到底できないし、そのような実力もない。できるとすれば、「読み聞かせ」と、子どもたちと取り組んだ「読書感想文」などである。研究や文豪論などは、その道の専門家にお任せいたしたく候。

・感想文①

「杜子春」の読書感想文

小学6年　女子

「杜子春」は受け持ちの先生が一度、読み聞かせの時間に読んで聞かせてくれました。わたしはこの感想文を書くために、自習時間に図書室で探しました。「杜子春」の童話と作者のことを調べました。

芥川龍之介の顔写真を見て驚きました。やつれたほほとあご骨のするどさ、眼は少し右の方を見つめているのです。するどさは弱められていますが何かをえぐるように感じられました。人の心の中までを見通せる眼だと思います。

「もし一言でも口を利いたら、お前は到底仙人にはなれないもの。天地が避けても、黙っているのだぞ」

「大丈夫です。決して声などは出しません。命が無くなっても、黙っています」

杜子春はよほど仙人になりたかったのでしょう、わたしも仙人になれるようにと応援しました。

第一の危機です。

杜子春は声を絶対にあげないと、心に誓っていたようでした。そのときに神将の命令で無数の神兵がやってきて、皆槍や刀を握り攻め寄せようとしているのです。思わず杜子春はあっと叫びそうになりましたが、鉄冠子の言葉を思いだして黙っていたのです。神将は三つ叉のほこをひらめかせて杜子春を突き殺しました。わたしはむごいことをするなと身震いしてしまいました。杜子春はとうとう死んでしまったのかと思うと悲しくなりました。

体は死んでも魂は地獄の底へおりてしまったようです。地獄というところは恐ろしいところということも分かり、身震いしてしまいました。

今度は二番目の危機です。

仙人になるための試練です。

「この罪人はどうしてもものをいう気色がございません」

そう告げられた閻魔大王は眉をひそめて、

「畜生道から杜子春の父母を引き連れてこい」

と大声を出し怒ったのです。二匹ともみすぼらしいやせ馬でしたが、顔は杜子春の死んだなつかしい父母でした。閻魔大王が
「打て、鬼ども、その二匹の畜生を肉も骨も打ち砕いてしまえ」

畜生になった父母は苦しそうに身もだえして、眼には血の涙を浮かべたまま、見てもいられないほどいななきました。

わたしは杜子春と両親のことをかわいそうになりました。しかも杜子春は必死になって仙人の鉄冠子の言葉を思い出して目をつぶったままでした。このときも杜子春は仙人にならなければと必死だったのでしょう。

第三の危機です。

「心配をおしでない。私たちはどうなってもお前さえ仕合わせになれるのなら、大王が何と言っても言いたくないことは黙っておいで」

杜子春はその母親の声を聞いて思わず眼を開けると母の眼とあいました。こんな苦しみの中にも、息子の心を思いやって恨むことさえ見せない母なのに。大金持ちになればお世辞を、貧乏になれば口も開かない世間の人と比べ、父母は何と健気な決心なのでしょう。わたしはここでは手の平を堅く握ってしまいました。

杜子春は老人の戒めも忘れて、転ぶように走り半死の馬に駆け寄り、はらはらと涙を落としながら「お母さん」と一声叫びました。

わたしも一緒に駆け寄って、「お母さん」と心の中で叫びました。

終わりに、「もしお前が黙っていたら、お前の命を絶ってしまおうと思っていた」との言葉は忘れられません。

・感想文②

『坊ちゃん』を読んで

中学3年　男子

作品の題名はその作品の主題であるとよく言われる。僕はこの「坊ちゃん」を読んだ後「坊ちゃん」の題名から主題（テーマ）を追求することにした。

その前に、通常の「坊ちゃん」という呼び名のことを考えてみた。「坊ちゃん」という呼び名は、今はあまり使われていない。今は相手を褒めるのでなく軽蔑するようなときによく使われている。

歴代の首相を指して坊ちゃんと呼んでいる例がある。ある首相は政権の中途で自分の職責を放り出して国民から批判を浴びせられた。世間知らずの苦労知らずのお坊ちゃんだから我慢がないと。この場合は坊ちゃんに「お」を付けて、お坊ちゃんと言われていた。

新明解国語辞典からも「坊ちゃん」の呼び名を調べてみた。『目上の人の息子を指して言う語。苦労を知らずに育った男の人。運用として…世間知らずだ、独善的な男だ、と言う皮肉や侮辱の気持ちを込めて用いることがある。』と書いてある。

投げ出し首相や辞書からすればこの夏目漱石の小説「坊ちゃん」も軽蔑に価する人物となるはずである。しかし、僕の読後の直感は正義派で好感の持てる人物として映っている。

僕の読みが正しければ、どうしてこのように好感の持てる主人公なのかを吟味する必要がある。

そこで僕は、次のような読解の技法を用いてみることにした。

「坊ちゃん」の全文から「坊ちゃん」という語を全部取り出して、その後がどのようにして主題に関係するかを読み取ることにした。

集英社文庫の「坊っちゃん」は11章からなり全文は7頁から始まり174ページで終わっている。その中に「坊ちゃん」の語は17語あった。

文章の展開上、どのように配置されているかが分かるように並べてみた。

①19頁…坊ちゃんいつ家をお持ちなさいますと聞いた。
②〃…坊ちゃんと呼ぶのはいよいよ馬鹿気ている。
③68頁…坊ちゃんだの小僧だのと難癖
④97頁…坊ちゃんの手紙を頂いてから
⑤98頁…坊ちゃんに済まないと思って

⑥〃頁…坊ちゃんは竹を割ったような気性だが、ただ癇癪が強すぎて
⑦99頁…坊ちゃんの手紙はあまり短すぎ
⑧〃頁…坊っちゃんから貰った50円
⑨〃頁…坊ちゃんが、東京へ帰って、家持つときの足しにと

⑩168頁…あの男もべらんめえに似て
⑪〃　…勇み肌の坊ちゃんだから愛
⑫169頁…勇み肌の坊ちゃんだと抜かし
⑬170頁…べらんめえの坊ちゃんた何だ

⑭173頁…あら、坊ちゃん、よくまあ早く
⑮174頁…坊ちゃん後生だから清が死んだ
⑯〃　…坊ちゃんのお寺へ埋めて
⑰〃　…坊ちゃんの来るのを楽しみ

この引き抜いた「坊ちゃん」を並べてすぐに気づくのは、最初と中間と後半と終末の四つに区切られ展開されていることだ。これらの四つの区切りについて特に主題につながるような坊ちゃんに注目して主題を追求していきたい。

最初の区切りの①から②の坊ちゃんは、永年住み慣れた東京を離れて四国の松山に旅発つときの下女の清との会話である。お金持ちになって家を持てるようになると思っていたものと分かる。尊敬の気持ちで主人公を坊ちゃんと呼んでいた。冒頭に書いた軽蔑的な坊ちゃんでなく、また、辞書にある世間知らずの坊ちゃんでもない。

中間の③から⑨の区切りを検討してみたい。ただ③は赤シャツが主人公の坊ちゃんと難癖を付けている場面なので後半の中へ置きたい。

この中間の区切りは清の手紙が中心になっている。手紙を通して坊ちゃんと清の関係がよく分かる。何度も下書きをして書いて出したと言うこと。坊ちゃんは竹を割ったような気性だが、癇癪を起こしてはと心配している様子。坊ちゃんからもらった五十円の使い道として坊ちゃんが東京へ帰ったら家を持つときの足しにしてくれなど坊ちゃんを思う清の情愛がよく分かる。

後半の区切りの⑩から⑬は、この題名の坊ちゃんとは違って悪い意味の坊ちゃんである。

勇み肌の坊ちゃん、べらんめえなどと赤シャツと野だいこが言った呼び名である。

この後半は主人公と山嵐が赤シャツと野だいこに天誅《てんちゅう》を加え、最後に辞表を出して、二人とも止めてしまう場面である。主人公は清の待つ東京へすぐさま帰ってしまうのである。

終末の⑭から⑰区切りの坊ちゃんは、清との再会と清の死が描かれた場面である。

後生だから死んだ後は坊ちゃんのお寺へ埋めてくれと頼む場面からは、主従のよい関係を最期まで貫いてるのがよく分かる。

坊ちゃんという呼び名を中心に取りあげてきた。現在、正義感で貫いている坊ちゃんのような人はいないかも知れない。しかし、ゴマすりだけのお坊ちゃんが大手を振るような世の中にはしたくない。

・感想文③

「高瀬舟」を読んで

中学2年　女子

「高瀬舟」の感想文を書くために教えていただいたことを思い出しました。それは次のようなことでした。

「教科書の文章だけでなく、図書室や図書館へ足を運び『高瀬舟』の本を手にして、その本の終わりのところに、注目したい。そこには、ヒントになることがいくつか書いてあるはずです」

わたしは早速出かけて、本を探しました。

先生の言う通り、「高瀬舟」の作者である鴎外自身が「附高瀬舟縁起」を書いていました。

その文章からわたしは二つの課題をとらえました。それは「…が面白い」という表現です。鴎外自身が面白がっているのです。

この「面白い」という語句に関しては、「高瀬舟」の文面からは考えられません。普通の常識からすれば、面白いはおかしく面白さということで笑いに通じることなのです。「高瀬舟」を読んで「面白い」ことなどは一つも見えません。「面白い」と書いているのは作者です。ですから作者の「面白い」の意味はたんなる表面上の面白さではないとわたしは判断しました。鴎外の「面白い」はもう一つありました。わたしはこの二つを軸にして感想文を書きたいと思います。

一つ目の「面白い」

「二百文を財産として喜んだのが面白い」から

弟殺しの罪人となった喜助は高瀬舟に乗せられて島流しにさせられました。お上のお慈悲によって二百文の財産も与えられます。このような喜びは未だかつてなかったこと。銭の持ったことがない人に銭の喜びは銭の多少には関係がない。難しいことわざの、「足るを知る」ということがお金のことであることも覚えました。さらに「貯蓄」のことを考えましたが、どのくらいわたしには貯蓄があるか分かりません。この喜助は自分のための貯蓄に感謝していることから、同心の庄兵衛は思わず、「喜助さん」と「さん」を付けてしまうほど感心しています。

また、作者の財産というものの観念と比べますと大きな隔たりのあることに気づきました。

そこが「二百文を財産として喜んだのが面白い」と言うことになるのではないでしょうか。

二つ目の「面白い」こと

「『高瀬舟』の罪人がユウタナジイ（安楽死）と同じ場合で私（鴎外）はそれがひどく面白い」

この「私」は「附高瀬舟縁起」の文章を書いた鴎外なのでとても緊張します。「安楽死」は私もきいたことがあります。ニュースやテレビでも、裁判での弁護士のやりとりからも考えさせられます。

しかし、この「高瀬舟」では、主人公の喜助に何となく同情してしまいます。「死にかかっても死なずに苦しんでいる人を死なせてやることになる。人を死なせれば殺すと言うことになる。どんな場合にも人を殺してはならない」

この本の作者はこのように書いています。

法治国であるから、裁判所での最終結果に死刑が確定すれば執行されます。上記の判断が基本になっていることも分かりました。

日本には武士道のことが言い伝えられています。切腹を命ぜられれば、白装束をまとい短刀で腹を切る場面は時代劇で見かけます。付き人なのか立ち会人か分かりませんが、日本刀を掲げて首をはねる仕草は目を覆いたくなります。首まではねる場面はやりませんが暗転になって次の場面に変わります。

いかにも日本的な仕草であると思いますが昔から延々と続いているのには驚きです。法は人が創り裁くのも人です。

この安楽死を逆に利用されたら大変です。悪者が裁かれずにのうのうと生きていたらどうなるでしょう。よく裁判所で争っている「えん罪」ということもあります。

この安楽死から、人が裁くというのは大変なことと考えさせられました。

「読書感想文の手ほどき」を順に述べることにしたい。

①「杜子春」の読書感想文

この児童は、先生からの「読み聞かせ」から感想文を書くようになったと動機（きっかけ）を明らかにしている。この動機を書く書かないかは別として、必ず、感想文を書いた動機は誰にもある。先生から言われたから、コンクールに出したいから、去年も書いたので今年も書いた等々。この動機を大切にしてほしい。

次に重要なのは「読書感想文のうまさが分かるようになる」こと。このことは児童・生徒の視点からは難しいので、教師の観点で述べたい。

わたしは本の読み聞かせをよくやるが、感想文でもよく読み聞かせをやる。友達の感想文の「こういうところがうまいなあ」と教師のアドバイスでヒントを与えることが大切。

わたしは受け持ちの学年が変わったときには、日記を書かせている。子どもを知り、家族を知り、地域が分かるからだ。そして、日記の書き方の分からない子をなくすために、他の子が書いた日記をよく読んで聞かせていた。ただし、プライバシーの問題があるから気をつけなければならない。「ぼくは、朝起きて、顔をあらって、ご飯を食べた」といった行動の羅列式の日記を書く子がいる。

わたしは、上手な子の日記を読みながら、日記の書き出しに注意をさせた。「ぼくは」「わたしは」で書かせないようにした。

ただ、大人の日記と違う点があるから注意して欲しい。大人は備忘録として書く。担任が書かせる日記は「どう思ったか」を主体にしている。つまり喜怒哀楽の感情が中心をなすべきである。

その感情を具体的に示さないから、いつまでも是正されない。書き方が分からないから子どもはいつまでも苦しまなければならない。

読書感想文も指導の観点は日記と同じである。喜怒哀楽が主体になるのである。その感想に到達するためには、子ども自身の質問や疑問が前提にある。

②「坊ちゃん」の読書感想文

この感想文を読んで気づいた方もいるかと思うが、これは教師がよくやる読解の学習指導法である。生徒が書く感想文の種類とはかなり違っている。だからと言って、これはいけないとは言いきれない。主題に迫る方法としては最短距離を行き確実である。

「坊ちゃん」の語句を抜き取りして、主題に迫ろうとした結果、この生徒には気付かなかったと思われる点があった。

具体的な箇所を指摘したい。

主人公の「坊っちゃん」の語句が、書かれていない頁が連続してある。つまり7章から11章、100頁から174頁まで「坊っちゃん」の主語が脱落している。善玉の「坊っちゃん」と山嵐はしっかりと手を握って、紆余曲折の末悪玉の赤シャツと野田を退治する場面である。坊っちゃんの倫理観と竹を割った性格は、インテリ特有の計算で物事を処理するのとは違う。イギリス帰りの漱石の思想に裏付けされたものと思われる。

この脱落の箇所は教師仲間の対立や女性関係などが含まれ、現在の中学生には、理屈では理解は難しいであろう。

幸いとは申し上げられないが、主題をつかむ意味では、この方法は適切であったと言いたい。

③「高瀬舟」の読書感想文

この中学2年女子の読書感想文も異色と言える。

きっかけとして、まず普通はこのような考えは出てこないように思う。

狙い所が本文でなく、付け足しの作者の言においたということが、素晴らしいと言わざるをえない。

感想文には自分の過去だけを振り返るのでなく、ヒントになるものの視野を拡大できるように教師は導く必要を感じる。

あとがき

約束には大きいとか、小さいとかはない。

いくら小さな約束でも守らなくてよいなどとは言えない。わたしは前著『風呂上がりの気分にさせるメッセージ』の「著者略歴」に、創作劇の『目つぶしの竜』を明記した。

お世話になった関係者に、お礼もかねて前著をお渡しした。それらの方々から激励や感謝の返事をいただいた。その中にひときわ強く心を動かされた封書があった。

その一つ
「……先生の略歴の中に、児童劇『目つぶしの竜』制作のあったことに関心が高まりました。私は三年前（常総市の水害の年）から玉小学校に勤務しております。その年四年生を担任していました。常光寺の劇を保護者やおじいさんおばあさんに披露するという伝統があるらしく、四年生と一緒に劇を作り上げ発表しました。水害を受け、一時発表は無理な状況でしたが、親からの伝統を絶やさないでほしいとの熱い願いに応えました。

この『目つぶしの竜』は先生が制作された『目つぶしの竜』なのでしょうか。だとしたら『運命の出会い』です!!（後略）」

二つ目

「（前略）発刊の第二弾は、ちゃんと書店で求めます。その日を心待ちにしていますので、ぜひぜひ頑張っていただきたいと存じます。追伸……次の続編には、著者紹介で写真ものせてください」

わたしの背中は急にむずがゆくなってきた。のんびりなんかしていられない、必ず果たさなければと動き出した。すぐにもできたのは、写真のことである。以前撮っておいた一番の気に入りの顔写真があったので、そのときまでとビニールの袋に納めておいた。

今度は「目つぶしの竜」を軸として、「学力のつく主体的な学習法」に絞って書くことに改めた。

お便りをきっかけに、

「そうだ、『目つぶしの竜』を真正面に打ち出して、皆さんに恩返しをしよう」

第二弾の構想が次から次へと湧いてきた。

学校の先生を対象にした課題を柱に絞り込んでみようと試みた。

以上は「約束」のことである。次は「恩返し」についても触れておきたい。

玉小学校ではわたしがお世話になっていた以前から、運動会と学芸会の二つの行事は、保護者や祖父母を対象に参観をいただいていたものと思われる。当時の学校はどこでも二大行事として催されていた。運動会の呼び名はそのまま残り、学芸会は学習発表会として名称だけが変わったのではと思う。いずれにせよその伝統は引き継がれてきている。

わたしが玉小学校に赴任して、「目つぶしの竜」の創作劇を上演するようになってからは、自ずと4年生が担当するよう引き継がれたのだろう。
5、6年生は郷土の「天神囃子」を毎年担当しているようだ。
考えてみると「鬼怒川の氾濫」は何百年も前からあったのではないかと思われる。度々の水害から「鬼が怒って暴れる川」にならないように、常光寺に掲げられた「目つぶしの竜」の彫り物とそれを防ぐための「民話」の立て看板から願《がん》を掛けたのではないか。

文部省の研究指定校として、子どもと教師が共に汗をかき創作劇の脚本から上演までの奮闘。その結果みごとに花を咲かせた。

現在も地域の方々にお披露目しているという。30年も続いているとは驚きである。玉小学校が行った「ゆとり教育と充実」は、検証すると大変な成果を上げたといえる。

「常光寺」をシンボルに、郷土愛を高めて水害から守り、「まちおこし」への架け橋となるようご祈念申し上げたい。

そして、この「小冊子」が少しでもお役に立てればと願うものである。　感謝

著者略歴

大島脩平（おおしま　しゅうへい）
1934年茨城県に生まれる。茨城大学教育学部卒。
卒論「作文教育の歴史的考察」シナリオ作家を夢見て独学。「ピアニカの少女」を執筆。
茨城県教育委員会指導主事勤務中…『子どもが生き生きするとき』児童劇「目つぶしの竜」創作。（八重岳書房）
茨城の子ども風土記『長塚節の伝記』小5国語教材用執筆。（日本標準）
茨城県研修センター内地留学・教育研究論文発表「学習の作業化による読みの深め方・ワークシートの作成と活用」
退職後の活動…「つくばね川柳会」編集委員長。
「よみうり時事川柳」二十年間投句。幻の日本一『口からは滅多に漏れぬ放射能』
『九輪』茨城県西地区保護司会機関誌編集委員長。
エッセイ『風呂上がりの気分にさせるメッセージ』刊行。（創英社／三省堂書店）

「目つぶしの竜」から踊る玉小四年
ー学力のつく主体的な学習法ー

2018年10月11日　初版発行

著者　大島　脩平
発行・発売　創英社／三省堂書店
〒101-0051　東京都千代田区神田神保町1-1
Tel：03-3291-2295　Fax：03-3292-7687
印刷／製本　株式会社 平河工業社

ISBN　978-4-86659-043-1　C0195